IMAGEM HUMANA À SEMELHANÇA DE DEUS

Coleção Iniciação Teológica

- *A dimensão socioestrutural do Reinado de Deus*
  Francisco de Aquino Júnior

- *A teologia das religiões em foco: um guia para visionários*
  Cláudio Ribeiro e Daniel Souza

- *Bioética e pastoral da saúde*
  Francisco J. Alarcos

- *Ética teológica fundamental*
  Pe. João Aloysio Konzen

- *Imagem humana à semelhança de Deus: proposta de antropologia teológica*
  José Neivaldo de Souza

- *Não extingais o Espírito (1Ts 5,19): iniciação à pneumatologia*
  Victor Codina

- *O encontro com Jesus Cristo vivo*
  Alfonso Garcia Rubio

- *Teologia em curso: temas da fé cristã em foco*
  Cláudio Ribeiro

José Neivaldo de Souza

IMAGEM HUMANA À SEMELHANÇA DE DEUS

Proposta de antropologia teológica

Dados Internacionais de Catalogação na Publicação (CIP)
(Câmara Brasileira do Livro, SP, Brasil)

Souza, José Neivaldo de
    Imagem humana à semelhança de Deus : proposta de antropologia teológica / José Neivaldo de Souza. – São Paulo : Paulinas, 2010. – (Coleção iniciação teológica)

Bibliografia.
ISBN 978-85-356-2657-5

1. Homem (Teologia cristã)   2. Imagem de Deus   I. Título. II. Série.

10-05333   CDD-233

Índice para catálogo sistemático:
1. Antropologia teológica : Teologia cristã   233

1ª edição – 2010
1ª reimpressão – 2017

Direção-geral: *Flávia Reginatto*
Editores responsáveis: *Vera Ivanise Bombonatto*
Afonso M. L. Soares
Copidesque: *Cirano Dias Pelin*
Coordenação de revisão: *Marina Mendonça*
Revisão: *Mônica Elaine G. S. da Costa*
Direção de arte: *Irma Cipriani*
Assistente de arte: *Sandra Braga*
Gerente de produção: *Felício Calegaro Neto*
Capa e diagramação: *Wilson Teodoro Garcia*

Nenhuma parte desta obra poderá ser reproduzida ou transmitida por qualquer forma e/ou quaisquer meios (eletrônico ou mecânico, incluindo fotocópia e gravação) ou arquivada em qualquer sistema ou banco de dados sem permissão escrita da Editora. Direitos reservados.

Paulinas

Rua Dona Inácia Uchoa, 62
04110-020 – São Paulo – SP (Brasil)
Tel.: (11) 2125-3500
http://www.paulinas.org.br – editora@paulinas.com.br
Telemarketing: 0800-7010081

© Pia Sociedade Filhas de São Paulo – São Paulo, 2010

APRESENTAÇÃO

É com prazer que introduzimos ao público brasileiro um teólogo de ótima qualidade, José Neivaldo de Souza, que alia a rica formação em algumas entre as melhores universidades de teologia europeias com a prática docente de muitos anos e a contínua pesquisa aqui em terras brasileiras. Um dos resultados desse sério labor filosófico e teológico é o livro que ora apresentamos. Trata-se de uma reflexão antropológica que parte da fé para pensar a condição humana no plano divino.

Sem se perder no pedantismo de certos escritos propositadamente herméticos, que calam o leitor à força ou pela admiração humilhada, o autor nos introduz didaticamente à antropologia por um viés original e, ao mesmo tempo, sempre rigoroso. Aborda a antropologia teológica patrística, e ali nos indica uma exegese sobre a criação do ser humano na Bíblia. Em seguida, dá-nos um aperitivo da ebulição teológica medieval, destacando a originalidade do pensamento do filósofo e teólogo alemão Mestre Eckhart, principalmente o seu entendimento sobre a alma e seu percurso em direção à Unidade.

O passo seguinte salta alguns séculos e nos encontra já tomados pelos sonhos – e pesadelos – da modernidade, hoje quase todos liquefeitos (para usar a expressão que Z. Baumann divulgou). Partindo de sua outra especialidade – já que tem mestrado em psicologia clínica –, José Neivaldo anima-se a discutir com ninguém menos que o pai da psicanálise, Sigmund Freud, e encara a crítica do pensador austríaco às ilusões religiosas.

O final do livro reserva-nos uma grata surpresa: uma releitura original do grande pensador brasileiro, o jesuíta Leonel Franca. Uma justa homenagem a alguém que, entre outras contribuições, abriu-nos uma vereda interessante no campo da *psicologia da fé*.

A qualidade do trabalho de José Neivaldo enriquece e qualifica a Coleção Iniciação Teológica, que o acolhe agora. Aqui já estão experientes educadores como Victor Codina, Francisco J. Alarcos, Alfonso Garcia Rubio, Carlos Bazarra, João A. Konzen e Francisco Catão. Esses livros se destinam especialmente a quem dá os primeiros passos acadêmicos nos estudos teológicos, e provêm de pesquisadores experimentados na docência das várias disciplinas que compõem o currículo acadêmico dos cursos de Teologia.

Imagem humana à semelhança de Deus apresenta-se, portanto, como uma introdução à antropologia teológica. O que permeia suas páginas é a história das relações entre fé e pensamento, teologia e filosofia, pelo crivo da compreensão das narrativas bíblicas da criação ao longo das épocas. São reflexões que partem da Bíblia, da filosofia, da psicanálise e da teologia para meditar sobre a condição humana em face do plano de Deus. "Quem é o ser humano? Onde encontrará uma resposta definitiva que acalme sua alma? Qual é seu destino e o que o espera?"

Acompanhemos com atenção as sugestões que virão a seguir. Ótimo estudo a todos!

Afonso Maria Ligorio Soares
Livre-docente em Teologia pela PUC-SP

INTRODUÇÃO

Basílio de Cesareia, ao definir o ser humano, diz: "É uma grande coisa". Isso sugere que a grandeza do ser humano está em ser pequeno, frágil e vulnerável em sua condição de húmus (terra). Quem é o ser humano? Onde encontrará uma resposta definitiva que acalme sua alma? Qual é seu destino e o que o espera? A razão busca uma resposta partindo de pressupostos naturais que ajudam a compreender melhor a condição humana; a fé também busca uma resposta, porém seu empreendimento tem como ponto de partida o sobrenatural. Filosofia e teologia, duas disciplinas empenhadas na busca de respostas. Von Balthasar observava que Paulo, como teólogo, respondeu à pergunta que os gregos fizeram como filósofos: quem é o Ser?

Nessa direção, propomos uma reflexão antropológica cujo objetivo é responder às perguntas sobre o ser humano a partir da fé ou refletir sobre a condição humana no plano de Deus: criação, queda e salvação, eis alguns temas a serem abordados neste trabalho.

O primeiro capítulo é uma introdução geral; propõe que a teologia tenha seu lugar no pensamento e o pensamento, um lugar na teologia. Em outras palavras, a fé exige raciocínio, e o raciocínio deve considerar a fé como um pressuposto fundamental na busca pela verdade.

O segundo capítulo aborda a antropologia teológica dos Padres da Igreja e propõe uma exegese sobre a criação do ser humano na Bíblia. O que é "imagem e semelhança"? Qual a posição dos primeiros pensadores sobre essa verdade? Como entender a exegese de Fílon de Alexandria sobre a dupla criação, base para toda interpretação posterior dos Padres da Igreja? Como entenderam os primeiros pensadores cristãos a problemática da "imagem e semelhança" e como a situaram no confronto fé e razão? Nossa proposta é abordar o pensamento de autores importantes que contribuíram para a fundamentação da fé nas primeiras comunidades cristãs. Irineu de Lyon, Orígenes e Clemente de Alexandria, Tertuliano, Cirilo, Atanásio e Agostinho abriram as portas à teologia e a uma nova interpretação acerca do destino humano. À pergunta filosófica, dos gnósticos, sobre a salvação, os intelectuais da Igreja primitiva responderam afirmando Cristo como salvador, isto é, a imagem semelhante. Assim, toda teologia acerca da criação do ser humano, do pecado e da salvação é escatológica e tem como fim Cristo, "imagem visível de Deus invisível" (cf. Cl 1,15).

O terceiro capítulo analisa o pensamento do filósofo e teólogo alemão Mestre Eckhart. Aborda, especificamente, o seu entendimento sobre a alma e seu percurso em direção à Unidade. Aqui, a alma, diante do Uno, tem duas opções: esvaziar-se para que Deus possa encontrar nela um lugar ou preencher-se de coisas, não deixando lugar para Deus. A alma tem como objetivo chegar à semelhança divina, isto é, à Unidade.

No quarto capítulo, diante do pensamento de Sigmund Freud acerca das ilusões religiosas, queremos ressaltar, principalmente, a ideia antropocêntrica moderna de que o ser humano não é imagem e semelhança de Deus, mas Deus é uma produção imaginária das próprias necessidades humanas. Entendemos que o psicanalista de Viena expressa, em grande parte, o pensamento acerca da negação de Deus, próprio da Modernidade. Ele observa, a partir de suas descobertas sobre a neurose, que a fé em Deus é, na verdade, um ato infantil, pois o ser humano projeta em Deus o pai da infância. Assim, Deus é o superego; a lei e a moral interiorizadas, diante de um id perverso e incapaz de salvar a si mesmo. Voltar-se, com toda força, para esse Outro, eis a neurose obsessiva da religião.

No quinto e último capítulo, há uma reação à Modernidade. Escolhemos o filósofo e teólogo brasileiro, um dos grandes responsáveis pela consolidação da cultura religiosa católica no Brasil: o jesuíta Leonel Franca. Analisaremos sua obra *A psicologia da fé*, na qual chama a atenção para o dinamismo psicológico implícito ao ato de fé: inteligência e vontade; os obstáculos que agem no seu interior e a persistência da alma em atingir o seu objetivo: ser "imagem e semelhança" de Deus.

Queremos, com tal proposta, percorrer a história das relações fé e pensamento, teologia e filosofia, Deus e os homens. Assim, a narrativa bíblica sobre a criação do ser humano à imagem e semelhança do Criador poderá ser entendida, na Antiguidade cristã, com os Padres da Igreja; na Idade Média, com Mestre Eckhart; na Modernidade, com Sigmund Freud; e, na contemporaneidade, com Leonel Franca. São reflexões importantes que partem da filosofia, da psicanálise e da teologia, mas com um único objetivo: compreender a condição humana em face do plano de Deus.

Capítulo I
O DESTINO DO SER HUMANO NO PLANO DE DEUS

Sob o título "O destino do ser humano no plano de Deus", nós nos propomos pensar a vida e o lugar humanos no universo a partir da teologia. O problema que se levanta aqui começa com um questionamento: qual é o lugar do ser humano no mundo? A essa pergunta procuramos elaborar algumas respostas, insatisfatórias, mas pertinentes, na contribuição para uma reflexão antropológica fundamental em nossos dias. A ideia bíblica de que o ser humano, enquanto cabeça de um corpo, a criação, é a "imagem e semelhança" do Criador, será o ponto de partida do capítulo: As duas narrativas da origem humana (Gn 1,26-27; 2,1-8), o Sl 8 e as epístolas de Paulo servirão à nossa reflexão, que se encaminhará da seguinte forma: O lugar da teologia no pensamento; Fé: reação humana à ação divina; O lugar da Bíblia na teologia; O ser humano: cabeça da criação.

O lugar da teologia no pensamento

Nossa abordagem é teológica, portanto, faz parte de um campo especificamente simbólico, ligado a uma certeza que não se resolve na mera condição biológica do ser humano, mas a transcende; por isso consideramos que na cultura religiosa há forças libertadoras do ser humano, e é nessa compreensão dialógica que o ser pode sair de si e pensar um outro mundo possível. Em todas as religiões o lugar sagrado é o que há de mais necessário. É nele que o religioso se sente em casa, lugar onde Deus escolheu para proteger o seu gerado e escolhido. Deus escolheu o lugar, não é qualquer um, é o mais importante do mundo: "o Centro". Mircea Eliade, ao se preocupar com a essência das religiões, observa que "Criação" e "Inauguração do espaço sagrado" se identificam, pois o que o "homo religiosus" faz nada mais é senão reproduzir, através de símbolos, o que aconteceu no princípio. Para ele, a revelação do espaço sagrado é fundamental à alma do crente, porque, tudo o que há, existe por uma orientação prévia e fixa que parte do "Centro" onde o mundo foi criado: "Nenhum mundo pode nascer no 'caos' da homogeneidade e da relatividade do espaço profano. A descoberta ou a projeção de um ponto fixo – o "Centro" – equivale à Criação do Mundo"(2001, p. 26). Assim, é a partir desse espaço criado por Deus e inaugurado pela criatura que nos atrevemos a afirmar que lá onde o pensamento é sagrado se inicia uma teologia, a ciência que, no dizer de João Paulo II, se preocupa com a solução para o enigma do ser humano; a dor, o sofrimento, a morte e a eternidade. Por isso ela está, ao mesmo tempo, dentro e fora do humano; através dela a fé pode ser pensada e repensada como atitude transformadora de sentido, como escreve o Papa (Encíclica *Fides et Ratio*, n. 32):

> Cada um, quando crê, confia nos conhecimentos adquiridos por outras pessoas. Neste ato, pode-se individuar uma significativa tensão: por um lado, o conhecimento por crença apresenta-se como uma forma imperfeita de conhecimento, que precisa de se

aperfeiçoar progressivamente por meio da evidência alcançada pela própria pessoa; por outro lado, a crença é muitas vezes mais rica, humanamente, do que a simples evidência, porque inclui a relação interpessoal, pondo em jogo não apenas as capacidades cognoscitivas do próprio sujeito, mas também a sua capacidade mais radical de confiar noutras pessoas, iniciando com elas um relacionamento mais estável e íntimo.

A teologia judaico-cristã insere-se num contexto sociocultural que exige respostas mais convincentes acerca das perguntas: o que somos? Para que servimos? Para onde vamos? Assim, cabe um melhor entendimento do que seja teologia e como, a partir da revelação, ela vê a humanidade.

Na Bíblia, o ser humano é uma pessoa. É alguém que, além de viver numa determinada cultura, se relaciona com o mistério, de tal forma a chamá-lo: Deus. É consciente de sua condição, porém capaz de transcender a si e questionar sobre sua salvação e sobre a melhor forma de vivê-la "agora". Ali, a imagem que temos de ser humano é, por vezes, variada e complexa, porém extremamente rica, pois fala de um ser que odeia e ama; que sofre e se alegra; que se desespera diante da existência, mas que procura significá-la com fidelidade e esperança.

Muito se estudou e muito se refletiu sobre a presença ou ausência de Deus e a relação com seu povo. Talvez a humanidade nunca tenha saído desse drama teológico. De um lado a fé, preocupação com as coisas que não se veem; do outro, o racionalismo, cuja aposta se direciona somente à verdade das coisas apreendidas pelos sentidos. É nessa tensão que se encontra a teologia. Mas sem desânimo, seu trabalho é pensar o mundo de Deus, invisível e eterno, que se atualiza como sentido.

Máximo, o Confessor, teólogo cristão, no século VII, observava que não podemos limitar a imortalidade humana à estrutura física; ela deve ser pensada nas suas qualidades invisíveis. A teologia vive esse impasse, procurando pensar o impensável, discursar o inefável. Em outras palavras, ela imagina um mundo possível a partir do "impossível aos olhos dos homens". Saint-Exupéry faz teologia ao colocar na boca do *Pequeno Príncipe* a linguagem sacramental: "O essencial é invisível aos olhos". Olhar o mundo com os olhos misteriosos da fé é descobrir, nele a verdade dos sacramentos: "Sinais visíveis de uma graça invisível".

A missão do teólogo talvez seja a de evitar que a imagem de Deus seja banalizada, como projeção de interesses puramente individuais e secularizados. É verdade que o conteúdo infinito só pode ser pensado nas formas finitas, mas não podemos tomar a forma como fundamento do conteúdo, o finito por infinito e o fugaz pelo eterno.

O Espírito se encarna eternamente e o teólogo, consciente de sua ação no mundo, sabe que a compreensão do mistério não se esgota na pura aparência, por isso imaginamos e expressamos, usamos os símbolos a fim de transcender a fria realidade da imagem. O sociólogo e teólogo espanhol José Maria Mardones (2006, p. 26) observa que estamos a um passo do fechamento da transcendência, pois há, com o predomínio da cultura de imagens, uma dificuldade do ser humano para conscientizar-se e romper a rede opressora de informações que o mantém somente em sua condição biológica: "A redundância e a clareza da imagem matam a fome de absoluto", fazendo com que não haja mistério, mas somente o que aparece. Para Mardones, "a imagem nos finca no meio daquilo que aí está", mas, em contrapartida, na teologia temos o símbolo que "inventa a linguagem e rompe a gramática e a sintaxe para sugerir uma ordem diferente, não acessível à vista, que nos devolve à origem das coisas".

O teólogo não pode ceder em seu desejo, sua reflexão deve transcender e dizer mais de uma ausência que provoca e menos da realidade empírica que sufoca, por isso, segundo William James, é importante que façamos uma crítica aos óculos que nos levam a enxergar o mundo. Para ele, devemos ficar atentos à ciência e prontos para adverti-la de seu papel no mundo: "[...] seus objetivos não são os únicos, e que a ordem da causalidade uniforme de que ela se ocupa e que, portanto, está correta ao postular, pode estar envolta numa ordem mais ampla, à qual não tem absolutamente direitos".[1]

Teologia não é só ciência, é também poesia. O teólogo deve aguçar a imaginação, até então oprimida pelo sensualismo, a fim de que os milagres aconteçam: "os cegos veem", "os surdos escutam" e os céus são novamente habitados. Grandes pensadores, na história do Cristianismo, viveram a beleza da confusão teológica, isto é, do mistério que não quer calar. Orígenes vê o mistério na liberdade; Agostinho o percebe na "abundância" do pecado e na "superabundância" da graça; Atanásio o vê na pessoa, expressão clara da imagem de Deus; Anselmo o sente na inefabilidade; Lutero e Calvino o têm na certeza da salvação; Karl Barth o experimenta na eleição; Von Balthasar o contempla como glória; e Moltmann o pensa na cruz, o elo e a passagem da humanidade à eternidade.

---

[1] Cf. MAY, R. *Psicologia existencial*. Porto Alegre: Globo, 1974. p. 9.

Nessa compreensão, podemos nos arriscar, a partir do mistério da fé, a procurar uma resposta às perguntas: quem é Deus? Como é seu plano para a humanidade? Qual é a resposta do ser humano a esse plano?

Fé: reação humana à ação divina

Juan Alfaro observa que pela fé a pessoa se coloca por inteiro diante do mistério, deixando que ele defina suas ações internas e externas. Esse pensamento levou o teólogo Carlo Rocchetta a elaborar, a partir do vocabulário do Antigo Testamento, três definições importantes para o ato de fé, com as quais podemos concordar. Em primeiro lugar, crer é, segundo ele, um ato que implica confiança e estabilidade, entendidos num sentido dialético: uma funda a outra; em segundo lugar, a fé é um ato de escuta e obediência incondicional a Iahweh e sua lei; e, em terceiro lugar, a fé é uma atitude livre do ser humano ao responder à iniciativa gratuita de Deus: é *reactio hominis ao actio Dei*. Nessa direção, o *Catecismo da Igreja Católica* (n. 27) diz que Deus inscreveu no coração humano o seu desejo, por isso fomos criados por e para Deus. Assim, somente em Deus o ser humano encontrará a verdade e a felicidade que procura sem cessar.

De fato, ao percorrermos os caminhos da Bíblia, encontramos pela frente homens e mulheres que responderam, com liberdade, ao apelo de Deus. Vemos, por exemplo, Abraão, que numa atitude de confiança na Palavra, mostrou que toda estabilidade na vida só é possível em Deus. Também Moisés, numa atitude de escuta e obediência a "aquele que é", pôde dar um outro sentido à libertação de Israel. Por fim, em Jesus Cristo, a graça divina se revela totalmente a fim de que "todos sejam um", ou seja, se encontram verdadeiramente a alma humana e a graça divina. Foi nesse sentido que Martinho Lutero reformulou o conceito de fé, à luz da teologia paulina, observando que, através dela, Deus justifica o ser humano: "O justo viverá pela fé".

Nós cremos! Tal exclamação nos leva a uma dupla certeza: com amor eterno Deus imprime em nós seu sentimento de tal forma que possamos também amar com tamanho amor. Podemos amar porque ele nos amou primeiro; a fé é o resultado desse amor, é nossa atitude ou reação à proposta de Deus, é diálogo que leva à comunhão, como define o documento eclesiástico *Gaudium et Spes* (n. 19): "A razão mais sublime da dignidade do ser humano consiste na sua vocação à união com Deus. É desde o começo da sua existência que o ser humano é convidado a dialogar com Deus: [...]".

Em Cristo se concretiza, de forma absoluta, esse movimento de Deus em direção ao ser humano e deste em direção a Deus. Essa verdade é testemunhada pelo Evangelho de João (8,31-32), que concorda: "Jesus, então, disse aos judeus que acreditaram nele: 'Se permanecerdes em minha palavra, sereis verdadeiramente meus discípulos, e conhecereis a verdade, e a verdade vos tornará livres'".

Podemos distinguir a fé no uso comum e a fé da Igreja. Não queremos dizer que uma fé é mais importante que a outra ou teologicamente definir que a primeira é informal e a segunda é formal, mas observar, com a ajuda do teólogo Leonardo Boff (1986, p. 11), que a fé, atitude racional e comprometida com o Reino de Deus, se manifesta de diversas formas: "A primeira reação, expressão do gozo, é a louvação, o canto e a proclamação.

Em seguida vem o trabalho de apropriação e tradução da experiência-encontro, feito pela razão devota. É quando surgem as doutrinas e os credos".

Em relação ao mistério, o ser humano se vê no diálogo. O Pai, o Filho e o Espírito Santo são diferentes, mas ao mesmo tempo iguais, na medida em que, nos três, a comunhão se concretiza absolutamente. Deus é Tri-unidade. Pela comunhão o mistério se revela, por isso, enquanto "imagem e semelhança" da comunhão divina, a pessoa é essencialmente um ser comum-na-união, diálogo em que se deve construir a derradeira sociedade, como observa Boff (p. 32):

> Se o ser humano emerge como pessoa, então Deus é a Pessoa absoluta, se o ser humano surge como espírito, então Deus apresenta-se como o Espírito infinito, se o ser humano irrompe como mistério, então Deus será o Mistério abissal. Esta personalidade suprema se autocomunica, entretém um diálogo com as pessoas humanas e entra na história dos homens.

No Cristianismo, a Igreja, em sua diversidade, comunga de uma única verdade: a revelação de Deus em Cristo, que, ainda para Boff (p. 17), é "o protótipo da comunidade humana sonhada pelos que querem melhorar a sociedade e assim construí-la para que seja à imagem e semelhança da Trindade".

Falamos de três realidades cuja essência é única: Deus. No Antigo Testamento, Deus é criador, libertador e legislador. Nos livros do Gênesis, do Êxodo e do Deuteronômio, encontramos, latente, o prólogo do Evangelho de João, que diz: "No princípio era a Palavra", e essa Palavra "é amor". Quem é Deus para o ser humano? Quem é ele para Deus?, eis algumas questões colocadas à razão e que, com a ajuda da Bíblia, talvez possamos entender melhor.

O lugar da Bíblia na teologia

Com o entendimento de que a fé é o desejo de responder à pergunta sobre Deus, nós nos sentimos provocados pelo teólogo chileno Ronaldo Munõz (1989, p. 28) a dizer que a questão maior da teologia não é "crer ou não crer", mas em que Deus crer:

> [...] a questão capital para nossa teologia e para nosso testemunho evangelizador como Igreja não é tanto se somos crentes ou ateus, mas de que Deus somos crentes e de que Deus somos ateus. Não esqueçamos que também os cristãos dos primeiros séculos foram classificados de "ateus", porque não partilhavam das crenças correntes nem aceitavam a religião do Império.

Quem é o objeto de admiração, imaginação e expressão do teólogo? Numa palavra, podemos dizer que o que habita o mistério. Mas quem é Deus? É o Deus da Bíblia, de Abraão, Jacó e Isaac; o Deus de Jesus Cristo. A cultura cristã concorda com o Evangelho de João, cuja mensagem central é: "Deus é amor". Só nele há possibilidade de diálogo e reconhecimento do outro como caminho de "aproximação do mistério". Vejamos qual é o entendimento humano sobre Deus a partir dos testemunhos históricos escritos no Antigo e no Novo Testamento.

No Antigo Testamento, Deus não apenas cria como transmite sua vontade através da pessoa que orienta o seu destino na obediência a Deus. Obediência que diz respeito a uma ação envolvendo atitudes como: ver, escutar e falar. O Pentateuco, em geral, e especificamente o Livro do Gênesis, dá prova disso.

A desobediência a Deus é um ato de "cegueira", "surdez" e "mutismo" voluntários, pois parte do puro querer humano, implicando, com isso, o pecado. Não considerar o "Fiat" é ato de ignorância e de autossuficiência em relação a Deus. Pela Palavra tudo se faz; sem ela nada se realiza. A escuta, na sua dimensão sagrada, determina que, ali, o Criador implantou seu desejo, a falta e a intuição no ser humano. Eis uma certeza comum em quase todas as religiões. Pela escuta a fé se estabelece e se fortifica; negá-la é permitir que uma outra autoridade, não divina, atue. Assim, o Deus do Gênesis é um Deus que fala e por sua fala cria, "faz viver". A criatura é um ser que escuta.

No Livro do Gênesis (1,1), lemos: "No princípio, Deus criou o céu e a terra". Há dois relatos da criação: o primeiro vem da tradição sacerdotal (Gn 1,1-2.4a), Deus cria o cosmo, depois o ser humano e, no sétimo dia, descansa; a segunda narrativa, de tradição javista (Gn 2.4b-25), apresenta outra ordem: o homem foi criado antes, depois a natureza – água, animais, vegetais – e somente no final foi criada a mulher.

Se a primeira narrativa apresenta a criação, nos moldes da história universal, como dom gratuito de Deus à humanidade, a segunda apresenta a criação orientando-se para a queda e o pecado. Para o javista, a intervenção de Iahweh tem como objetivo aproximar, dialogar e dar esperança a seu povo, como vemos em relação a Adão, Caim, aos fabricantes de vasos, ao jardineiro etc. A esperança começa na relação com Abraão (Gn 12).

No relato (Gn 2,17), antes de criar a mulher, Deus incumbe ao ser humano o cuidado pela criação e exige obediência aos seus mandamentos: "Mas da árvore do conhecimento do bem e do mal não deves comer, [...]". Nas duas narrativas, seja na primeira, onde ao Ser divino é atribuído o substantivo plural ´Elohîm; seja na segunda, cujo adjetivo é Iahweh, traduzido pela *Septuaginta*:

"Aquele que é" e pela *Vulgata*: "Sou quem sou", Deus é criador e fundador, isto é, ele dá forma ao que antes era informe.

A tradição sacerdotal (P)[2] apresenta o tema da criação: "Então Deus disse: Façamos o homem à nossa imagem e semelhança" (1,26). Deus, nesse ato, se exprime na primeira pessoa do plural: "Façamos"; a palavra homem também é indicada no plural: homem e mulher. Deus os criou a "imagem e semelhança" para que "dominassem" sobre os animais e a natureza.

O primeiro capítulo do Gênesis foi construído no antigo Oriente, quando o povo hebreu ainda estava no exílio babilônico, no século VI a.C. Milton Schwantes (1989, p. 33) observa que dois argumentos nos levam a pensar essa hipótese: a valorização do sábado e a confirmação de Deus como único criador. O sábado, apesar de constituir uma tradição no Êxodo (23,12-13), só no exílio da Babilônia foi valorizado pelos deportados como dia de descanso e de organização religiosa. Também diante da adoração dos deuses da luz: sol, lua e estrelas, que determinavam o ritmo da semana e das festas, ex-sacerdotes e ex-cantores teriam produzido o texto que coloca essas divindades como criaturas e não como criadoras, pois foi Deus quem as colocou no firmamento. Para Schwantes, é sobre esses dois pilares que Deus estabelece o projeto da imagem que "justamente se cristaliza na mulher e no homem, na relação de ambos. Imagem não é nem o masculino nem o feminino e muito menos o indivíduo. Reside na

---

[2] No século VI a.C. os hebreus retornam do exílio babilônico e, graças ao Édito de Ciro, podem construir em Jerusalém o segundo templo. É nesta trégua que Israel produz uma vasta literatura religiosa para falar da origem do universo. De onde surge o "Código Sacerdotal" ou Fonte P.

relação destas diferenças que representam mulher e homem. A mediação da imagem de Deus é, pois, coletiva".

O povo de Israel, ao voltar do exílio, levou a influência religiosa acerca da criação, comum na Mesopotâmia: o divino desenha sobre uma tábua de bronze a figura humana como "imagem e semelhança" de Deus. Não queremos dizer que a narrativa bíblica seja puro mito, mas também não descartamos sua linguagem mítica, forma mais antiga de comunicação da crença. Ao considerar o mito como uma linguagem própria dos povos antigos, Mircea Eliade e B. Malinowski observam que a função do mito é narrar a origem do sagrado no mundo, por isso tal linguagem foi indispensável na cultura primitiva. Além disso, o mito, segundo eles, expressa a crença, exaltando-a e codificando-a, de tal forma a legalizar uma moral e garantir regras práticas para a existência humana.[3] Acerca do mito da criação, narrado na Babilônia, observa Eliade (p. 70):

> É o mito cosmogônico que relata o surgimento do Cosmos. Na Babilônia, no decurso da cerimônia *Akîtu*, que se desenrolava nos últimos dias do ano e nos primeiros dias do Ano-Novo, recitava-se solenemente o "Poema da Criação", o *Enuma elish*. Pela recitação ritual, reatualizava-se o combate entre Marduk e o monstro marinho Tiamat, que tivera lugar *ab origine* e que pusera fim ao Caos pela vitória final do deus. Marduk criara o Cosmos com o corpo retalhado de Tiamat e criara os humanos com o sangue do demônio Kingu, principal aliado de Tiamat. A prova de que essa comemoração da criação era efetivamente uma reatualização do ato cosmogônico encontra-se tanto nos rituais como nas fórmulas pronunciadas no decurso da cerimônia.

Diferente das narrativas mesopotâmicas, o autor *sacerdotal* não concebe que Deus, após criar, abandona

---
[3] Cf. AMARO, Jorge W. F. *Psicoterapia e religião*. São Paulo: Lemos, 1996.

a criação à sorte do ser humano, assim como interpretariam, mais tarde, no mundo moderno, os deístas; ao contrário, é um Criador cuidadoso e preocupado com a reconstrução da obra: "As terras não se venderão a título definitivo, porque a terra é minha, e vós sois estrangeiros e meus agregados" (Lv 25,23). A natureza não é propriedade privada do ser humano, mas colocada por Deus ao "usufruto" e à administração humana. Os animais e os seres inanimados vem à luz pelo imperativo "Faça", mas o homem é criado por uma decisão compartilhada pela corte celeste: "Façamos". Criado à imagem dos seres divinos. A palavra "homem" quer dizer "ser humano" ou "macho e fêmea". Pelo verbo "façamos", a maioria dos Padres da Igreja interpretou a atitude criadora de Deus Uno-Trino.

Os termos "imagem" e "semelhança" vêm do hebraico: *Selem* e *Demût*. Existe uma diferença semântica entre um conceito e outro. Se a primeira indica figura, no sentido físico, como mostra o texto de Ez 23,14-15, *Demut* designa a semelhança, ou "da mesma substância", consciente do bem e do mal, como evoca o texto javista: "Então o Senhor Deus disse: 'Eis que o homem tornou-se como um de nós, capaz de conhecer o bem e o mal. Não ponha ele agora a mão na árvore da vida, para dela comer e viver para sempre'" (Gn 3,22). Os textos de Gn 1,26 e Gn 5,1 deixam implícitos, no termo *semelhança*, a capacidade do ser humano de transcender e chegar à sabedoria divina. Ao gerar Set, Adão transmite a ele a herança humana e divina.

Mesmo com o pecado o ser humano não perde a capacidade de transcender em "espírito e verdade". Se esta pessoa histórica é corruptível, o espiritual é incorruptível, a quem Deus atribuiu o poder de representá-lo como cabeça de toda a criatura, como canta o Sl 8,5-6:

> Que coisa é o ser humano, para dele te lembrares,
> o filho do homem, para que o visites?
> No entanto o fizeste só um pouco menor que um deus,
> de glória e de honra o coroaste.

O salmista, como num espelho, vê sua imagem frágil e finita e sente a herança de um passado pecaminoso. Mas, a um só tempo, se vê voltado para o alto, pouco menor do que os anjos, porém com a cabeça elevada em glória, pois a coroa na cabeça simboliza realeza e beleza. Ao ser humano Deus comunica o seu *kabôt*, isto é, a sua vontade. O Sl 8 é continuação de Gn 1,26, pois retrata o ser humano como (imagem) representante e semelhança (capacidade de transcendência), responsável pela transmissão da vontade de Deus na terra.

Se a imagem diz respeito à figura física, representação do poder de Deus sobre o cosmo, por isso o ser humano deve dominar sobre toda criatura; a semelhança nos envia a uma outra interpretação: graças à capacidade racional da pessoa, ela pode agir com inteligência e liberdade sobre a criatura. Assim, o ser humano recebeu dois dons: um é o de exercer o domínio sobre tudo o que foi criado, outro é o de saber que tal domínio não é apenas físico, mas comporta inteligência e liberdade, dotes próprios dos seres divinos, cuja função é guardar e cuidar.

Na Bíblia, não se pode falar do ser humano senão em relação a Deus, para isso a teologia posterior, mais especificamente a Patrologia, utilizou o conceito pessoa para indicar a relação. Há duas noções fundamentais: a primeira é *veterotestamentária* e tem em Gênesis 1,26-27 sua apresentação: Deus criou o homem à sua "imagem e semelhança". *Adam* é o ser criado, a *arché*, a origem da humanidade; a segunda é *neotestamentária* e apresenta o ideal da humanidade, o *Éscaton* de Deus, na pessoa de Cristo, o *Kýrios*, a *Palavra* reveladora de Deus: a Palavra existia no começo, ela estava voltada para Deus, ela era Deus.

"Façamos o ser humano à nossa imagem e segundo nossa semelhança. [...] Deus criou o ser humano à sua imagem, à imagem de Deus o criou. Homem e mulher ele os criou"(Gn 1,26-27). O tema da "origem humana" é antropológico, mas deve ser colocado à reflexão teológica, pois diz respeito não só à criação, mas à salvação da humanidade. Assim, "imagem e semelhança" só pode ser entendido sob a ótica de Cristo, "imagem do Deus invisível, o primogênito de toda a criação" (Cl 1,15). Em Cristo, Deus se humaniza para que a humanidade se divinize.

O Novo Testamento. Santo Agostinho observava que no Antigo Testamento o Novo Testamento está latente e, no Novo, o Antigo está patente. O tema da "imagem e semelhança" só tem sentido em Cristo, como observava a Patrística. Irineu de Lyon defendia a ideia de Adão como projeto de Cristo, abrindo as portas a uma teologia de acentuação mais cristológica, com bases sólidas e explícitas nas epístolas de Paulo: "Ele é a imagem do Deus invisível, o primogênito de toda a criação, [...]" (Cl 1,15-16). O ser humano, na visão paulina, só é "imagem de Deus" pelo desejo divino em Jesus Cristo. De fato, o versículo 16 o apresenta como cabeça de toda criatura, pois nele e para ele foram criados o céu e a terra; o invisível e o visível.

Assim, em Cristo, o Filho é consubstancial ao Pai, pois sua imagem é identificada com o "princípio" ou o "Verbo" do prólogo de João. Nessa identificação, expressa-se a "lógica do inefável", que se orienta mais pelo princípio da contradição do que pelo da não contradição: "Crede-me: eu estou no Pai e o Pai está em mim. Crede, ao menos, por causa destas obras" (Jo 14,11). Em Cristo, conhecemos o desejo e o agir de Deus, pois, como observa o apóstolo, o ser humano é imagem de Deus em Cristo (1Cor 15,49): "E como já trouxemos a imagem do [homem] terrestre, traremos também a imagem do [homem] celeste".

Paulo diferencia a imagem celeste daquela terrestre e nos mostra que, se em Adão temos a imagem do homem físico, terrestre, em Cristo temos a imagem espiritual e celeste. Se a primeira foi ofuscada pelo pecado, a segunda é clara e semelhante a Deus. Assim, se em Adão o ser humano carrega a vergonha do pecado, em Cristo ele ergue a cabeça, pois sua dignidade foi resgatada: "O homem não deve cobrir a cabeça, já que ele é imagem e reflexo de Deus, [...]" (1Cor 11,7).

No homem Jesus, Deus torna possível o conhecimento da divindade. Nele, o invisível e inefável revela-se como o "novo Adão" e a solução do problema existencial: o pecado. Na sombra do "velho Adão", o universo vive na desobediência, mas, à semelhança do Cristo, vive a escatologia ou a dimensão antecipada do Reino infinito. Seguir o Salvador e identificar-se com ele na experiência e no sentimento é possibilitar a certeza de que só nele "habita, em forma corporal, toda a plenitude da divindade" (Cl 1,19).

Podemos entender a antropologia teológica neotestamentária a partir de Paulo, pois o ser humano, segundo ele, vive com Cristo, em Cristo e por Cristo. Somente nele a imagem se transforma, como lemos em Rm 8,29: "Pois aos que ele conheceu desde sempre, também os predestinou a se configurarem com a imagem de seu Filho, para que este seja o primogênito numa multidão de irmãos". Tornar-se imagem de Cristo, eis o projeto inicial do Criador.

Rm 8,14-30 expressa a antropologia paulina ao colocar o ser humano sob a orientação escatológica. Os versículos 14 e 18 dão a entender que somos herdeiros de Deus e co-herdeiros de Cristo, porém de forma indireta, isto é, através do Espírito Santo que nos foi dado por Deus. A glória divina só nos será revelada pela participação no Cristo-Filho. Na perícope 19-25 aparece o binômio: "já" e "ainda não". Somos, pelo Espírito Santo, filhos adotivos, porém herdeiros da glória, uma herança que não possuímos ainda, mas que nos é garantida já. Pelo Espírito o homem sabe de sua salvação e espera a redenção. No presente, não nos é revelado o que seremos, mas pelo Espírito Santo participamos do mistério do Cristo-filho e garantimos a salvação futura.

O "já" (8,14-18) e o "ainda não" (8,19-25). O já indica que pela fé e pelo amor (1Cor 13) o Espírito nos capacita para a filiação adotiva. No "ainda não" nossa oração presente está impregnada de esperança: "[...] esperando a condição filial, a redenção do nosso corpo" no Cristo-Filho (Rm 8,23). Em Rm 8,14-30, encontramos, na estrutura do pensamento paulino, a tríade antropologia, cristologia e soteriologia. Há uma tensão escatológica instalada entre o presente da adoção e o futuro da filiação real, em que se concretizará, pelo Espírito, a realização plena da herança. A criatura vai se tornando "nova" à medida que avança na imagem do Cristo-Filho.

A adoção (*huiothesia*), esperada no futuro, é a mesma que no presente recebemos, pelo Espírito. Não há duas adoções, uma na terra e outra no céu, mas são formas de possuir a adoção filial. Se uma é invisível, como nos mostra os versículos 24-25, a outra é visível, como anuncia o versículo 19. O "não ainda" da perfeição se encarna "já", pois é puro dom de Deus. A *huiothesia* cristã em Paulo expressa a verdade da adoção recebida no momento presente como orientação dos filhos de Deus para o "não ainda" da adoção revelada na glória.

Uma leitura mais acurada de Cl 1,15 nos faz entender que Cristo é a verdadeira imagem visível de Deus invisível e o ser humano é a imagem da imagem, ou, se quisermos, é "segundo a imagem". Partícipe da imagem, o ser humano goza de um corpo, santuário de uma alma intelectual e espiritual, como observava Orígenes, capaz de progredir, mas também de regredir. O seu progresso depende de um único modelo: Cristo. Nesse sentido, podemos concordar com Paulo e afirmar que, se a imagem está no começo da criação, em Adão, a semelhança é reservada para o fim: Cristo. Se a primeira diz respeito ao tempo natural, a segunda, ao sobrenatural e escatológico. Em última análise, a divinização é destino de todo ser humano criado à imagem da imagem de Deus: Cristo. Ele deve imitar o modelo e progredir espiritualmente.

No Novo Testamento, podemos dizer que o projeto divino para homens e mulheres é a comunhão dialógica do amor, que, em primeiro lugar, pelo Espírito Santo e em Cristo, se comunica particularmente ao "totalmente Outro", isto é, ao semelhante necessário e transcendente: Deus. Em segundo lugar, se comunica totalmente ao "pequeno outro" no que há de contingência e imanência: finitude e natureza do ser humano.

Para Rolo May, o amor é "razão de viver de uma pessoa" e, se esse valor for destruído, também a existência pessoal será aniquilada. Pelo amor o diálogo se faz, não só através da fala, mas também no silêncio, atitude de contemplação, escuta e doação, como observa Lacan, ao dizer que o amor é "dom-ativo". Erich Fromm em sua *Arte de amar* ([s. d.], p. 45), nessa direção, concorda que o amor não é simplesmente um afeto passivo ou uma queda, mas uma ação que é exercida de "cabeça" erguida. Para ele, "o caráter ativo do amor pode ser descrito afirmando-se que o amor, antes de tudo, consiste em *dar*, e não em receber". Assim, o amor está no esvaziamento e não no preenchimento do eu, e Freud estava certo ao mostrar a realidade do eu que vive, segundo ele, à mercê dos preenchimentos das paixões inconscientes, por isso lhe custa o fato de ser um estranho em sua própria casa. Esse amor, na reflexão dos filósofos, é no pensamento dos cristãos relação de Deus com os homens através de Cristo pela ação do Espírito Santo.

Deus se coloca ao ser humano de forma gratuita e expressa isso ao manifestar-se em Jesus Cristo: "Este é o meu Filho amado; [...]" (Mt 3,17). O ser humano responde com a fé, assim como Jesus: "Meu *Abba* Pai"(cf. Jo 20,17). Nessa atitude dialogal, podemos considerar que, em Cristo, Deus cria o ser humano para ser imagem e semelhança, ou cabeça de toda criatura.

O ser humano: cabeça da criação

Quando falamos em cabeça, logo pensamos na morada dos pensamentos, onde está o cérebro, com toda a capacidade intelectiva que comporta. Mas é importante transcender à simples noção tópica e pensá-la teologicamente, como aparece em 1Cor 11,3: "Quero que saibais o seguinte: a cabeça de todo homem é Cristo, mas a cabeça da mulher é o homem e a cabeça de Cristo é Deus".

Para nossa reflexão, cabe uma análise mais precisa do conceito "cabeça" a fim de compreendê-lo melhor; mas, antes de tudo, é necessário definir os conceitos de imanência e transcendência a fim de compreendermos melhor a situação do homem criado, por Deus, à "imagem e semelhança".

O conceito de imanência nos remete ao pensamento cristão medieval, no qual se tratava das ações próprias de um agente, como, por exemplo, sentir e pensar. O filósofo grego Aristóteles contribuiu para esse entendimento ao distinguir entre movimento e atividade. Em *Metafísica*,[4] observava que a imanência é uma ação cujo fim está nela mesma, e Kant, nessa direção, a pensava nos limites da experiência possível. Também o idealismo pós-kantiano, ao impostar o eu como sujeito absoluto, entende que imanência é tudo o que existe sob a perspectiva do eu e nada está fora dele. Levinas viu a "periculosidade" do método fenomenológico, cuja intenção é transcender a simples observação do objeto, colocando no eu toda responsabilidade da "intenção" ao risco de permanecer na imanência do sujeito. Ao comentar tal pensamento, observa Pelizzoli (1994, p. 95): "Com a intencionalidade, e mesmo diante da alteridade, o ser é o pensar, o sentido vem do que é inferido pelo eu que pensa e constitui, numa verdadeira transcendência imanente".

---

[4] *Metafísica*, IX.6, 1048 b 18.

Transcendência, ao contrário, diz respeito ao ilimitado, infinito e eterno que pode ser pensado fora de toda determinação experimental do eu. Platão, no século IV a.C., iniciou uma reflexão ética cujo intento era justificar o Bem como ideal, isto é, fora de todas as coisas.[5] Na escolástica medieval, com a teologia negativa a transcendência foi considerada algo "acima do qual não podemos pensar nada maior", como observava Anselmo de Cantuária acerca de Deus; ideia que se ramificara a partir da mística de Plotino e do Pseudo-Dionísio. Nesse sentido, transcender é contemplar ou ir além de tudo o que é perceptível aos sentidos. Também não é um conhecimento limitado a representações e pensamentos, mas "relação" com o externo, posição justificada por Levinas como "autêntica transcendência" ou uma exterioridade que é também anterioridade.

Assim, podemos pensar uma antropologia cujo pensamento vai além da experiência. Com isso, o conceito "cabeça" pode transcender a mera noção física e anatômica a fim de indicar o lugar finito ou simbólico de uma graça infinita.

A palavra "cabeça", na etimologia hebraica, nos remete ao substantivo *rō'sh* ou à forma alternativa *re'sh*, que designa "cume", "começo", "líder", e aparece quase seiscentas vezes na Bíblia hebraica. No grego, *Kephale* indica a totalidade do ser humano, como podemos ler na tradução de At 18,6: "[...] 'O vosso sangue caia sobre vossas cabeças. [...]'". Considerando a etimologia do conceito, podemos tomá-lo como o "Ser", tanto na sua individualidade quanto em sua universalidade, como compreendemos na tradução de Gn 49,26: "[...]; bênçãos de teu

---

[5] Cf. *República*, VI. 509 b.

pai, superiores às bênçãos dos montes antigos, às delícias das colinas eternas. Desçam elas sobre a cabeça de José, sobre a fronte do consagrado entre os irmãos".

Nossa intenção não é fazer uma exegese bíblica sobre a palavra "cabeça", mas iniciar uma reflexão antropológica que nos ajude a entender a posição do ser humano no universo. Partindo da origem da palavra, podemos interpretá-la, sem sombras de dúvidas, como "início e fim". Essa certeza é empírica por sua forma circular, e, como sabemos, o círculo, para a geometria, denota a perfeição e a *com*-fusão dos pontos de partida e de chegada. No sentido metafísico, sob a ótica do infinito, o Ser nada mais é do que totalidade de onde tudo se origina e para onde tudo se direciona. O início e o fim não são dois pontos diferentes, mas um só atravessado pelo indizível e que, como dizia Pelizzoli (p. 83), ao interpretar a filosofia da alteridade de Levinas, "vai além da intencionalidade teórica e do fenômeno visto; diz de uma estrutura do indivíduo perpassada pela transcendência, de uma abertura às relações éticas, relação com o outro como infinito, como Rosto". Assim, a cabeça é totalidade, princípio e fim, é o Ser a que, teologicamente, chamamos de AΩ.

Partindo da via catafática, onde, de forma positiva, afirmamos o que Deus é, descrevemos a narrativa bíblica da criação a fim de mostrar que no homem, ao ser criado "imagem e semelhança" do Criador, lhe é impresso o estatuto de "cabeça" da criação, início e fim de todas as coisas. Assim, nossa tese é que as categorias "imagem" e "semelhança" nada mais são do que metáforas para indicar o "início" e o "fim", não no sentido dual, mas integral, pois do humano depende toda criatura, sua conservação, preservação e perfeição. Não queremos, com isso, fazer uma apologia em favor do ser humano, mas indicar que a ele cabe todo cuidado e responsabilidade sobre o mundo criado.

Entendemos, então, que o ser humano é "cabeça". Há três membros que, apesar de agirem de forma distinta, formam uma tríade harmônica fundamental: olhos, ouvidos e boca. Situam-se anatomicamente no topo do corpo humano. Esse triângulo, criado à imagem e semelhança, deve expressar simbolicamente a perfeita ação ou perfeição. O triângulo, para os pitagóricos antigos, era uma figura que representava melhor a perfeição divina, pois nessa figura o início e o fim se fundem, não sabemos onde começa um e termina o outro. Essa ação triangular pode ser interpretada a partir de dois lugares: imanência e transcendência. Se a primeira é o lugar da natureza e da racionalidade, a segunda é o "não lugar", a utopia, habitação do sobrenatural.

Os olhos são "a janela da alma", diz o velho ditado. Isso, de fato, é uma verdade, considerando que o ser humano não é somente carne e alma. Naturalmente, todos os homens, há exceções, nascem com a capacidade de enxergar. A primeira ação do bebê, além de chorar, é abrir os olhos. A ação de abrir os olhos pode ser interpretada a partir da imanência e da transcendência.

Sob a primeira, podemos dizer que, naturalmente, nossos olhos estão abertos, vemos as coisas ao nosso redor: a natureza, os animais e as pessoas e, curiosos, deparamos com uma realidade sobre a qual não temos o que fazer senão nos adaptar a ela segundo nossa necessidade física. Essa passividade diante do mundo invoca do hebraico o conceito *nābat*, que designa o aspecto puramente natural dos olhos. O teólogo José M. Mardones (p. 22) analisa bem a situação natural dos olhos ao observar a realidade do espectador diante do fantástico *Big Brother*:

> Talvez hoje estejamos vivendo uma nova virada sociocultural no ver/olhar mediático: já não somos mais observados pelo "Big Brother" orwelliano; já não é mais a tirania do sistema ou de uma elite a partir de uma torre de controle que vigia todos os nossos movimentos e nos dirige; agora, nós, os indivíduos, olhamos para o "Big Brother" atenta e avidamente, a fim de obter algo dele. Assistimos a uma crescente colonização do público pelo privado. O público é a grande tela na qual se projetam e são exibidos as preocupações, as confissões, as intimidades e os segredos privados. O espaço público é esvaziado, desaparece. A necessidade de mostrar a interioridade denuncia a pobreza de humanidade, de sentido e de relação da nossa sociedade e das próprias pessoas. Ansiamos pelo sentido, pelo encontro interpessoal, e carecemos de preparação e até de meios para procurá-lo.

Moisés, ao encobrir os olhos diante de Deus (Ex 3,6), tem uma atitude inconsciente, à qual se diz em psicanálise: "Disso eu não quero saber". Em outras palavras, deixa como está, pois o que enxergamos é o que determina a existência. Abraão, diante do infinito, se sente provocado a contar as estrelas do céu (Gn 15,5).

O olhar da racionalidade ou do ponto de vista intelectual não é simplesmente um "estar" diante de, mas indica ação. No entanto ainda é uma ação carregada de imanência. O verbo ver significa que o sujeito se debruça e "observa" o objeto de seu interesse, há uma finalidade: *Inter-legere* ou "ler dentro", conhecer o interior. Só o ser racional é capaz de tal façanha. No Novo Testamento, o verbo grego *blepõ* aparece várias vezes indicando que o mundo é como o vemos. Há uma implicação do sujeito pensante ou do *cogito*. Mt 11,4 indica a racionalidade da fé escrevendo: "Jesus respondeu-lhes: 'Ide contar a João o que estais ouvindo e vendo: [...]'". A mensagem a ser comunicada é *Aletheia*, isto é, a verdade, do sujeito que vê, deve estar em consonância com a realidade, o objeto da visão.

No que diz respeito à transcendência, o olhar ultrapassa os objetos e a visão do sujeito racional. Não falamos de uma ação puramente exterior sobre aquele que vê, tampouco abordamos o agir do sujeito que vê sobre os fenômenos. Aqui o olhar exige uma terceira pessoa e para isso lançamos mão do verbo "contemplar", no grego *theaomai*, que indica uma "visão cuidadosa", sobrenatural, que, animada por outrem, se torna capaz de enxergar além dos dados físicos e mentais, como podemos ler em Jo 1,32: "João ainda testemunhou: 'Eu vi o Espírito descer do céu, como pomba, e permanecer sobre ele'". O verbo contemplar indica que a visão tem o seu ponto de partida não só a partir do sujeito e do lugar onde ele se encontra, mas peculiarmente do "não lugar", da utopia, do templo: onde habita o sagrado. Por isso a ação sobrenatural é com-templo-ação. Santo Agostinho, em *Verdadeira religião*, indica que a inteligência é vazia se não está ligada à fonte que lhe dá a vida. Dizia que, ao transcender a si mesmo, o ser humano atinge a fonte de toda inteligência. Nesse sentido, observa o teólogo e psicanalista Rubem Alves (1992, p. 52):

> Fechamos os olhos e os viramos para dentro, em busca de um espírito. Mas o Espírito de Deus está nas coisas, nos corpos, na criação e, principalmente, nos risos e nos gemidos que saem das crianças e dos que sofrem. Um copo d'água, um brinquedo, um lírio, uma ave, semente que germina, o pão e o vinho, olhos que choram, mão que se recusa à violência, corpo que se interpõe, na defesa dos inocentes, faces fundas de mansidão, o sol que brilha, os céus estrelados, o silêncio no rosto dos oprimidos, herdeiros da terra...

Nessa compreensão, podemos dizer que os olhos de fato são as janelas da alma, eles estão ligados à alma, sede das emoções e do desejo. Angelus Silesius, um místico da Idade Média, aconselhava o seguinte: "Se seus olhos ficaram cegados pelo sol, você não passa a dizer que o sol não existe. Do mesmo modo, não deveria dizer que Deus não existe se seu intelecto fica perdido tentando compreendê-lo".[6] O teólogo e terapeuta Jean-Yves Leloup (1998, p. 130) vê os olhos como o lugar do encontro entre as pessoas, por isso prefere utilizar o conceito "coração" a fim de indicar a fonte do olhar: "[...] olhos abertos, olhos claros e luminosos. Entretanto, há olhos opacos, olhos sem visão. É muito duro ser olhado por olhos sem olhar. Porque, então, ficamos reduzidos a uma coisa, a um objeto. Não há o encontro de pessoa a pessoa, de coração a coração".

Os ouvidos. O verbo ouvir nos remete a sinônimos como escutar, prestar atenção e obedecer. No grego antigo, encontramos dois verbos para designar a imanência do ouvido: "escutar" e "prestar atenção". No que diz respeito à transcendência da escuta, o hebraico traz o verbo "obedecer" como o mais favorável.

Na imanência, o ouvir pode denotar desinteresse e despreocupação, mas no sentido intelectual expressa compreensão. No primeiro caso, o verbo *Parakouō* diz de uma escuta passiva que responde somente às necessidades básicas da pessoa e que, muitas vezes, escuta de forma imperfeita, forma que encontramos em Mateus (cf. 18,17), onde diz: "E, se não as escutar, dize-o à igreja; e, se também não escutar a igreja, considera-o como um gentio e publicano". No segundo caso, parece que o verbo *epakroaomai* diz melhor, pois aponta para uma "ação"

---

[6] Cf. TOLSTOI, L. *Pensamentos para uma vida feliz.* São Paulo: Prestígio, 2005. p. 38.

do sujeito que, a partir de sua consciência, se dispõe "sobre" o objeto a ser ouvido, a fim de discerni-lo e compreendê-lo, noção justificada pelo prefixo *epi*, tal como nos apresenta At 16,25: "À meia-noite, Paulo e Silas estavam orando e cantando hinos a Deus. Os outros prisioneiros os *escutavam*".

Na transcendência, o ouvir não é simplesmente escutar; no sentido sobrenatural o verbo é traduzido pelo hebraico como *shãma'* e aparece mais de mil vezes na Bíblia a fim de indicar "tomar conhecimento", como lemos em Nm 9,8: "Moisés respondeu-lhes: 'Aguardai para que eu vá *ouvir* o que o SENHOR ordena a vosso respeito'". Daí surge um outro sentido, o da obediência, como podemos ler (Gn 17,19-20):

> Mas Deus respondeu: "Na verdade é Sara, tua mulher, que te dará um filho, a quem chamarás Isaac. Com ele estabelecerei minha aliança, uma aliança perpétua para sua descendência. E também a respeito de Ismael atendo a teu pedido: eu o abençoarei e o tornarei fecundo e extremamente numeroso. Será pai de doze chefes, e dele farei uma grande nação."

O símbolo do ouvido é fundamental nas religiões. Jean-Yves Leloup (1998, p. 130) observa que Buda é representado com grandes orelhas, e isso é para indicar a importância de um ensinamento que prioriza a escuta, não somente das vozes, mas do silêncio, fonte e fim de toda palavra; silêncio que envolve a pessoa naquilo que ela tem de mais sagrado: o seu ser.

A boca. Não queremos discursar sobre as capacidades da boca, mas somente pensá-la como morada da língua e da fala. Podemos refletir sobre a imanência e a transcendência da fala, cujos verbos nos indicam dizer, discursar e proclamar. No sentido natural ou da imanência, concordamos com M. Heidegger ao dizer que "a linguagem é a casa do ser". O ser que aprende a falar e se comunicar. É necessário, fora exceções, que o aprendiz seja passivo ou objeto de uma linguagem que o circunda. Aqui, a "articulação de sons" é o que define esse momento. O verbo grego *phthengomai* indica que essa atitude pode ser impensada e desinteressada, pois aqui a fala nada mais é do que "fala", como entende At 4,18: "Chamaram de novo Pedro e João e ordenaram-lhes que, de modo algum, *falassem* ou ensinassem em nome de Jesus".

De forma diferente, a fala pode ser discurso e aí entramos no seu âmbito intelectual. Aqui ela é considerada como articulação de conceitos e construção de frases lógicas a fim de convencer ou dizer de uma verdade. Há uma racionalidade sobre a vida e o sujeito atuante a interpreta, transformando-a segundo os interesses individuais ou coletivos. Em Gl 2,2a, Paulo utiliza o passado do verbo "comunicar" ou "expor" compreendendo a dimensão intelectual da fala: "Fui lá por causa de uma revelação. *Expus*-lhes o evangelho que tenho pregado entre os pagãos [...]".

A transcendência da fala nos remete ao anúncio. O verbo grego *anangellõ* é interpretado não somente como simplesmente "falar", mas como "apontar para cima", e aí podemos pensar na palavra evangelizar, pois o conteúdo não deve ser somente uma informação, mas algo que define e decide a existência dos seres. É *Kerygma* ou anúncio que determina a salvação de quem escuta ou "aos quais foi revelado", como declara 1Pd 1,12.

Deparamo-nos com as três realidades: natural, intelectual e sobrenatural, sob a ótica da imanência e da transcendência. Vimos os diversos verbos, hebraicos e gregos, que nos ajudaram a perceber as diferenças, porém nossa intenção não foi fazer uma tricotomia dos sentidos: olhos, ouvido e boca, mas identificá-los a fim de compreendê-los numa totalidade. O ser humano, "imagem e semelhança", cabeça da criação, tem como dom um olhar que traspassa os dados naturais. E como nos ensina a teologia de Rubem Alves (1992, p. 75):

> Livres das correntes, do medo. Os olhos não mais perfurarão, e nenhum irmão terá de esconder do seu irmão nem a nudez da sua alma, nem a nudez do seu corpo. Livres para a verdade, livres para a beleza, livres para o amor. Insólita política, porque nossos corpos não mais reagirão nem ao olho mau, nem ao gesto mau, nem à palavra má. Possuídos pelo futuro, trataremos de fazer viver, no presente, aquilo que nos foi dado, em esperança. E esta comunidade de visionários, de exilados, de peregrinos, de árvores desenraizadas, servirá ao mundo, na sua própria vida, em sacramentos do Reino de Deus que se aproxima.

Tem uma audição que não se limita à simples escuta e uma boca cuja função não se esgota no aparelho digestivo, mas é *Oikos* ou o *Eco* da língua. Os sentidos estão ligados pelo "sopro de vida", que também passa pelo órgão localizado na cabeça: o nariz. Pelas narinas, Deus torna o ser humano um ser vivente, como vemos em Gn 2,7: "Então o Senhor Deus formou o ser humano com o pó do solo, soprou-lhe nas narinas o sopro da vida, e ele tornou-se um ser vivente". Sob as três formas: natural, intelectual e sobrenatural, o imanente deve refletir, o mais semelhante possível, a "imagem" que comunica a transcendência: Deus, "cabeça" da criação. E a transcendência, como observa Levinas, "não é uma óptica, mas o primeiro gesto ético".[7] O primeiro gesto ético, ou a beleza

---

[7] Cf. PELIZZOLI, M. L. *A relação ao outro em Husserl e Levinas*. Porto Alegre: Edipucrs, 1994. p. 87.

que surge do desejo de Deus, como bem diz Rubem Alves (1992, p. 65):

> Veja que somos belos como desejo de Deus. Tão belos que ele nos criou para que fôssemos espelhos... Que em nós se refletisse sua imagem e semelhança. E nos fez do amor, em amor, para o amor, destinados a andar de mãos dadas, sensíveis à beleza, à bondade, à verdade: nosso corpo se animou, vivo, ao sopro do seu Espírito...

Não queremos quebrar a unidade, sabemos que não pode existir, de forma dicotômica, uma cabeça terrena e uma cabeça celeste. Separamos os conceitos a fim de identificá-los e ver que, na maioria das vezes, enxergamos, ouvimos e falamos em nível puramente humano, com exclusão do simbólico divino. O escritor russo Tolstoi (2005, p. 98) sabiamente dizia das transformações corriqueiras que elas nada são em relação às transformações carregadas de transcendência: "Poderia haver mudanças em sentimentos e ações, poderia haver mudanças em pensamentos e ideias. A fim de mudar seus pensamentos e ideias, é necessário que você concentre sua mente consciente em suas necessidades espirituais".

Incorremos no risco de ser devorados de tal forma pelo fundamentalismo espiritual que ao humano nada mais resta senão a queda no "nada" da existência. Mas a observação de Jean-Yves Leloup (1998, p. 131) nos traz uma luz que tem como símbolo a estrela de Davi, a qual ele chama de síntese: "[...] o que temos que reencontrar é a estrela, a estrela da Síntese. E levarmos conosco esta imagem". A estrela da síntese é a fusão de dois triângulos retos indicando que Deus cria o ser humano à sua "imagem e semelhança" e este, motivado pelo Espírito Santo, responde ao projeto celeste, divinizando-se em Cristo: "verdadeira imagem de Deus invisível" (cf. Cl 1,15).

| Deus desce ao homem | O homem sobe a Deus | E formam uma só estrela |

A teologia nos ajuda a colocar a questão de Deus e a buscá-lo. Ao se abrir a uma reflexão partindo da certeza da fé, ela dá ao ser humano a possibilidade de se perceber como parte de um povo que se constituiu não só por ter sido amado por Deus, mas porque acreditou nesse amor. Eis a importância do ato de fé na relação do ser humano com Deus.

Quando analisamos a palavra "cabeça", nossa intenção foi compreender mais a teologia cristã que entende a criação humana a partir de Cristo, cabeça da Igreja e de toda criação. Irineu de Lyon foi, entre os Padres da Igreja, quem mais ressaltou o conceito ao utilizá-lo em sua teologia da "recapitulação". Em latim, o substantivo *capitulum* serve tanto para designar cabeça pequena como pessoa ou indivíduo. Ao dizer que Cristo "recapitula" a história dos homens, o bispo de Lyon propõe que a salvação da humanidade tem no Cristo o modelo ao qual tudo deve estar submetido e reformado, como podemos ler em *Adversus haeresis*: "O Filho de Deus, desde que se encarnou e se fez homem, recapitulou nele mesmo a longa história dos homens e resgatou nossa salvação, de sorte que, o que perdemos em Adão, isto é, a imagem e semelhança de Deus, nós o redescobrimos em Cristo Jesus".[8]

---

[8] IRINEU DE LYON. *Contre les hérésies*, III, 18, 1.

Não existe imagem e semelhança sem o Verbo encarnado, a carne "rutilante", e não se pode conceber uma teologia da imagem sem olhar Cristo glorioso, exemplo de um "homem novo" que leva até o fim o projeto de Deus sobre a humanidade.

Capítulo II

A CRIAÇÃO DO SER HUMANO À IMAGEM E SEMELHANÇA[1]

Na Bíblia, segundo a crítica literária, há duas narrativas que tratam da criação humana: sacerdotal (Gn 1,26-27) e javista (Gn 2,7). Duas tradições preocupadas em apresentar ordem na criação do ser humano. Nesta, o ser humano foi criado antes dos animais e das plantas a fim de trabalhar e organizar a criação de acordo com suas necessidades; naquela, sua origem é colocada após a criação de todas as coisas. Se na primeira aparece como sujeito de poder sobre a criatura, pois tudo foi criado em sua função, na segunda interpretamos que a ele Deus confia a responsabilidade de cuidar ou administrar o que antes já existia: a criação.

Com o pecado, homem e mulher tornaram-se seres decaídos, não participam mais do descanso de Deus, tendo, com isso, de suportar a dor e o sofrimento que levam à morte. Mas Deus, em sua infinita bondade, não apagou sua imagem na alma humana; a prova disso é Jesus Cristo, enviado para resgatar e recapitular o ser perdido. Nele, Palavra e Vida, a humanidade pode tornar-se "partícipe

---

[1] Sob o título "O destino do homem no plano de Deus: uma análise da antropologia patrística sobre a 'imagem e semelhança'", este capítulo foi publicado como artigo na revista *Pistis & Práxis: Teologia e Pastoral*, Curitiba: PUC/Champagnat, v. 1, n. 1, p. 119-145, jan./jun. 2009.

da natureza divina" (cf. 2Pd 1,4). Nele está a vida trinitária do Pai, do Filho e do Espírito Santo, a vida eterna.

Estudaremos os termos imagem e semelhança sob a ótica bíblica e teológica. Primeiro: como esses termos foram vistos pela *Septuaginta* (tradução grega); a antropologia teológica dos Padres da Igreja que abordam esse tema e a posição de Irineu de Lyon, um dos grandes pensadores da Igreja primitiva que, ainda hoje, exerce influência na doutrina cristã.

Criação:
humanos à imagem e semelhança

Em Gn 1,26-27 lemos:

> Deus disse: "Façamos o ser humano à nossa imagem e segundo nossa semelhança, para que domine sobre os peixes do mar, as aves do céu, os animais domésticos, todos os animais selvagens e todos os animais que se movem pelo chão". Deus criou o ser humano à sua imagem, à imagem de Deus o criou. Homem e mulher ele os criou.

Na perspectiva sacerdotal, o ser humano criado exerce poder sobre todas as criaturas: peixes, aves, animais domésticos e selvagens. Pelo poder, participa da glória de seu Criador.

Sob a ótica javista, Gn 2,7 apresenta: "Então o Senhor Deus formou o ser humano com o pó do solo, soprou-lhe nas narinas o sopro da vida, e ele tornou-se um ser vivente". Essa tradição não deixa explícito o tema da imagem, mas indica que a imagem de Deus é a vida, como expressa o conceito hebraico *nefesh*, "vivente". Para o exegeta G. von Rad (1972, p. 176), o javismo considera como imagem de Deus o poder divino, garantia e afirmação da soberania celeste. Nesse sentido o ser humano, imagem de Deus, é representante do poder de Deus.

Um dos primeiros exegetas cristãos, Irineu de Lyon, ao interpretar essa passagem, observa que o adjetivo "vivente" identifica a imagem de Deus. Observa, em *Adversus haeresis*: "A glória de Deus é o ser humano vivente".[2] Essa ideia nos faz interpretar que a "imagem", no mesmo sentido de "ser vivente", indica o "poder divino" impresso na criatura humana. Nessa direção, o Papa Bento XVI, em seu discurso inaugural na V Conferência Geral do Episcopado Latino-Americano e do Caribe (2008), observa que é no encontro com Cristo que o ser humano "desenvolve em plenitude" sua existência pessoal, familiar, social e cultural.

Mas imagem e semelhança têm o mesmo sentido? Na versão grega de Gn 1,26-27, encontramos dois conceitos: *Eikon* e *homoiosis*. Ao encontrar-se com a cultura helênica, a *Torah* foi traduzida para o grego a fim de facilitar a leitura dos judeus da diáspora. O apóstolo Paulo, mais tarde, faria uso desse texto em reuniões comunitárias com o objetivo de auxiliar o entendimento sobre Jesus Cristo e a nova criação.

Apesar da tradução, judeus e gentios tinham uma concepção diferente de ser humano. No entanto, com a diáspora, em Alexandria do Egito, conceitos da filosofia grega e da religião judaica foram incorporados à cultura local, trazendo uma nova imagem de ser humano a partir de pensadores como Sócrates, Platão, Aristóteles, Zenon, o

---

[2] Cf. *Adv. haer.* IV, 20, 7. A obra latina foi traduzida para o francês com o título: IRÉNÉE DE LYON. *Contre les hérésies*. 3ème. ed. par A. Rousseau. Paris: Les Editions du Cerf, 1991. Utilizaremos essa edição (apesar de já termos uma tradução em português). A nossa tradução será livre (tradução da tradução).

estoico, e o judeu Fílon de Alexandria (c. 20 a.C.-40 d.C.). O último contribuiu para uma antropologia que considera a síntese fé e razão iniciativa fundamental para qualquer doutrina religiosa, iniciativa que, ainda hoje, é ressaltada como prioridade na doutrina católica. O *Documento de Aparecida* (n. 494) confirma isso ao observar que há uma falsa visão, em nossos dias, de que fé e ciência são incompatíveis: "Fé e razão são duas asas pelas quais o espírito humano se eleva na contemplação da verdade". Por isso, homens e mulheres de fé e ciência, que aprenderam a ver na beleza da natureza os sinais do Mistério, do amor e da bondade de Deus, devem ser valorizados ao levarem uma maior compreensão de que o livro da natureza e a Sagrada Escritura anunciam o mesmo Verbo encarnado.

A dupla criação em Fílon de Alexandria

Segundo Fílon de Alexandria, as narrativas acerca da criação humana apresentam diferenças: a primeira aponta para o verbo "fazer"; a segunda, para o verbo "formar". Se uma diz do ser humano celestial, a outra fala daquele terrestre. Para ele, o ser humano celestial foi "feito" à imagem de Deus, sem o envolvimento com a substância terrena; o terrestre, ao contrário, foi "formado" do pó. Assim, se no primeiro foi estampada a imagem de Deus, no segundo foi modelado o ser vivente, segundo a criatividade do artesão em seu campo de trabalho. Para Fílon de Alexandria, o ser humano é uma inteligência que deve ser diferenciada entre o "feito" e o "plasmado". Utilizando alegorias em sua interpretação, observa:

> Consideramos que o homem feito da terra é uma inteligência que aos poucos vai se incorporando ao corpo, mas sem ser um com

ele, pois a inteligência terrestre é, na realidade, corruptível até que Deus não chegue a infundir-lhe um poder de vida verdadeira; quando isso ocorre cessa de ser modelada, e se incorpora a uma alma, e não a uma alma inoperante e informe, mas a uma realmente inteligente e plena de vida. Por isso diz: "O homem se tornou um ser vivente".[3]

Ao ler a *Septuaginta*, versão grega do Antigo Testamento, Fílon observa que, na narrativa de Gn 1,26-27, o verbo *Poien*, "fazer", sugere que a criação seja algo que surgiu do nada. O criador tira o ser do não ser e estampa nele sua imagem. O substantivo *Poietheis* indica que homem e mulher foram "criados" à imagem do criador.

Em Gn 2,7, o verbo "formar" denota o ato de um artista que dá forma a uma matéria-prima, modificando-a. O verbo grego *Plassõ*, formar, indica que o ser humano foi "moldado" (*Plastheis*) segundo o "sopro de vida" do artesão, por isso se tornou um "ser vivente".

Fílon de Alexandria não diferenciava as tradições: sacerdotal e javista, pois essa é uma descoberta moderna, mas entendeu a diferença das narrativas. Sua contribuição nos faz entender que a primeira narrativa apresenta a criação do ser humano a partir do nada, enquanto a segunda comunica o ser vivente que surge da lama mediante a infusão do espírito divino. Para o pensador de Alexandria, as duas narrativas diferem entre si. Se uma traz o ser humano em sua condição de imagem histórica, sensível e mortal, próprio da religião hebraica, a outra remete à influência do platonismo, em que a imagem está ligada a um modelo ideal de vida.

---

[3] Cf. *Interpretación alegórica*, I, 32. 1975, p. 140 (tradução nossa).

Mesmo na diferença de abordagem, as duas tradições são unânimes ao acreditarem que a vida humana pertence a Deus. O *Catecismo da Igreja Católica* (n. 302) expressa essa verdade ao afirmar que Deus destinou a criação a um fim último, por isso ela se encontra em caminho, "in statu viae".

De uma forma ou de outra, Fílon de Alexandria iniciou uma teologia que coloca o ser humano como objeto de suas reflexões e, por mais que não conhecesse os estudos modernos acerca do método histórico-crítico, é de acordo que as narrativas, mesmo tendo formas diferentes, querem tratar de um mesmo conteúdo: o ser humano no projeto da criação, como canta o Sl 119,73 *Yod*: "Tuas mãos me fizeram e plasmaram".

Gnose: influência na antropologia cristã dos primeiros séculos

A exegese de Fílon de Alexandria abre espaço tanto a uma teologia que vê em Jesus Cristo a síntese do humano terrestre e celeste quanto à dualidade de pensamento, ligada ao gnosticismo, cuja doutrina opõe o espírito ao corpo. Mas quem é o ser humano na concepção gnóstica? Como aborda o tema da imagem de Deus? Eis aqui duas questões importantes nos primeiros séculos da Igreja cristã.

Gnosticismo é, segundo Abbagnano (1993, p. 441), a primeira tentativa de uma filosofia cristã. Ali se misturavam elementos do Evangelho de Cristo com o misticismo e o neoplatonismo. Seus adeptos fizeram do conhecimento a via da salvação, como se pode encontrar em alguns escritos na língua copta (Egito antigo) e nas heresias mencionadas por alguns Padres da Igreja.

O ponto de partida da antropologia gnóstica é a ideia de homem "tripartido": matéria, alma e espírito. Toda reflexão sobre "imagem e semelhança" está ligada a essa realidade. A matéria da qual foi feito o ser humano é, para os seguidores dessa corrente, semelhante àquela que dá origem aos animais, por isso o ser humano, enquanto matéria, é imagem somente do demiurgo, um deus inferior; enquanto ser *psíquico* ou animado, o homem, superior e mais perfeito que a matéria, é semelhante (*homoousios*) ao demiurgo; o homem *espiritual* é semelhante (*homoousios*) ao mundo do espírito ou o *pleroma*. A essa ideia há reações, principalmente nas epístolas católicas cuja exortação se dirige aos fiéis a fim de que sigam os ensinamentos dos apóstolos e não dos falsos mestres, como vemos: "São eles que provocam divisões. São vulgares e não têm o Espírito" (Jd 19).

Simonetti (1970, p. 243-244) apresenta os *Estratos* do gnóstico Valentin, em que fala da dupla criação do ser humano e observa que, sobre a primeira narrativa bíblica, Gn 1,26, o ser humano foi criado à imagem do demiurgo, que misturou terra e água e, da lama, fez surgir uma alma material e irracional, semelhante à dos animais selvagens; na segunda, Gn 2,7, os anjos insuflaram no ser humano, à semelhança de demiurgo, algo consubstancial a eles: o espírito, tornando-o invisível e incorpóreo ou o "sopro de vida". Se a primeira pessoa humana está destinada à perdição terrestre, a segunda, invisível e imaterial, está destinado à salvação pelo espírito.

A noção de homem tripartido surge de uma gnose comprometida com o dualismo radical entre religião e cultura; mística e filosofia; fé e razão, postura rechaçada pela maioria dos Padres da Igreja.

Patrística: a unidade na criação humana

Patrística é o nome que se dá à doutrina dos primeiros Padres da Igreja. Segundo os estudiosos, podemos compreender o seu pensamento a partir de escolas diferentes que expressam a realidade e a caminhada das primeiras comunidades à luz da fé. Entre elas ressaltamos: alexandrina, asiática e africana. Os pensamentos divergem, porém o interesse é sempre orientar os fiéis para a verdade de Deus, de Cristo, do ser humano e da Igreja. Seu método é apologético, a defesa da verdadeira doutrina exige argumentações lógicas e analogias precisas. O tema da "imagem e semelhança" entrou no esquema apologético da maioria das escolas.

A Escola de Alexandria. Alexandria era uma cidade, no norte do Egito, fundada por Alexandre Magno no século IV a.C. Alexandre levou para lá a língua, a filosofia e a arte dos gregos, iniciando um processo cultural chamado helenismo. Foi em Alexandria que os rabinos da diáspora (setenta) traduziram pela primeira vez o texto da Bíblia hebraica para o grego, a *Septuaginta*. Fortemente influenciada pela filosofia platônica e por Fílon, a escola tem, mais tarde, em Clemente e Orígenes sua representatividade.

Clemente, em sua obra *Pedagogo*, na esteira de Fílon de Alexandria, vê o corpo excluído da "imagem e semelhança" de Deus. Exclusão não no sentido de rejeição, mas de participação e perfeição no *Logos*. J. Gross (1938, p. 159-173), ao abordar o conceito de divinização a partir dos textos patrísticos, observa que a noção de homem, para Clemente, não está separada da noção de corpo, mas o corpo está em via de desenvolvimento, por isso busca incessantemente atingir o seu fim último no *Logos* que é *ágape*. Eis o processo de divinização em que o humano vai se elevando, cada vez mais, à imagem de Deus. Clemente não concorda com os gnósticos sobre a perdição do corpo material, ao contrário, vê nele a potência do espírito, é nele que a imagem se desenvolve para um fim. Numa orientação filosófico-platônica, crê que a alma tende para as alturas. É importante observar que o termo divinização, *theopoiein*, aparece a partir de Clemente de Alexandria.

Orígenes, discípulo de Clemente, também chama a atenção para o *Logos* sob o qual está a imagem. Retoma a ideia paulina da "imagem visível do Deus invisível" (cf. Cl 1,15), fazendo-a concordar com o Verbo preexistente e invisível: o *Logos* da filosofia grega. Para Orígenes, em suas *Homilias sobre o Gênesis* observa que o homem criado à imagem e semelhança de Deus é o homem interior, isto é, "invisível, incorpóreo, incorruptível e imortal".[4]

Platão foi o filósofo inspirador da escola Alexandrina. Em *Teeteto*, ensina que o mundo sensível é imagem ou cópia de uma realidade matriz, inteligível ou ideal. O corpo, para o filósofo ateniense, é uma prisão e é dever do sábio fugir do cárcere da imagem a fim de fazer-se um com a divindade. As ideias do filósofo grego estão na base da teologia de Orígenes, que, ao discorrer sobre o *Logos*, deixou traços evidentes da teoria da emanação: o *Logos* emana do Pai, de forma análoga à sabedoria, que "ela é o sopro do poder de Deus, uma emanação pura da glória do Todo-Poderoso. Por isso, nada de impuro pode introduzir-se nela" (Sb 7,25).

Também em Alexandria, o Bispo Cirilo, mais tarde, retomará a teologia da "imagem e semelhança" com a

---

[4] Cf. LADARIA, L. *Introduzione alla antropologia teologica*. Casale Monferrato: Piemme, 1992. p. 58.

finalidade de defender uma antropologia teológica cujo ponto de partida é a Santíssima Trindade. Na interpretação de Cirilo sobre Gn 1,26-27, há uma preocupação com o verbo *fazer*, que, tomado na primeira pessoa do plural, alude à corte trinitária: Pai, Filho e Espírito Santo.

O tema bíblico da "imagem e semelhança" é significante para os pensadores de Alexandria: Clemente, Orígenes e Cirilo. Vimos o que há de comum em seu pensamento. No que diz respeito à interpretação de Gn 1,26-27, os três pensam a possibilidade natural da divinização humana. Se Clemente e Orígenes entendem que a imagem divina é impressa na inteligência ou no *nous* com capacidade de crescer racionalmente até a semelhança total com o *Logos*, Cirilo crê que o *Logos* é Trindade: é Deus que, pelo Pai, Filho e Espírito Santo, imprime na alma humana a capacidade de divinizar-se e tornar-se semelhante a ele.

A Escola asiática, ao contrário, procura recuperar o corpo ou *Sarx* não tanto considerado pela filosofia grega e os Padres alexandrinos. A filosofia gnóstica afirmara, a partir do platonismo, que a carne, enquanto matéria, era desprovida de valor na economia da salvação. Tal ideia se encontrava também na Escola de Alexandria, porém com uma novidade: a carne pode divinizar-se, mas o agente condutor de tal processo é o *nous* ou a razão. A carne, por si só, não tem nenhum poder. Isso já não vale para os asiáticos, que concebem, no interior do binômio "imagem e semelhança", um dinamismo mais histórico e menos filosófico. "Imagem e semelhança", para eles, não está de forma absoluta no *nous*, mas na totalidade do corpo, que não é só razão, mas natureza material e histórica.

Aos gnósticos os asiáticos respondem pela teologia de Irineu de Lyon, respaldados nas posições de Paulo sobre a ressurreição do corpo. Aos alexandrinos respondem que a imagem da divina Trindade é impressa no homem integral, "pois, pelas mãos do Pai, isto é, pelo Filho e o Espírito, é o homem, e não uma parte do homem, que foi feito à imagem e à semelhança de Deus" (*Contra as heresias*, V,6,1).

A Escola africana assume uma postura parecida com a dos asiáticos. O maior representante dessa escola é Tertuliano. Para Hamman (1963, p. 26-27), é unânime entre seus adeptos a compreensão de que a imagem de Deus no humano não se centraliza na razão, mas no ser integral. Em oposição aos alexandrinos e a favor dos asiáticos, não creem que, na criação do ser humano, a alma preceda o corpo, pois no relato de Gn 2,7 se pode ver que a ressurreição do corpo é a chave de toda interpretação cristã. Cristo veio na carne e na carne revelou o mistério de Deus.

Agostinho, apesar de ser africano, tende mais para os pensadores gregos ao simpatizar-se com a filosofia platônica. Como os alexandrinos, localiza a imagem na alma, mas prefere referir-se ao termo latino *mens* (mente) e não ao grego *nôus* (intelecto). A alma é, para ele, parte constitutiva da mente, que, por natureza, é indestrutível e universal. Na trilha de Cirilo de Alexandria, defende que a imagem divina, impressa na mente humana, é imagem trinitária. Para ele, a palavra "nossa" (Gn 1,26) indica que o ser humano foi feito à imagem da Trindade, por isso a expressão "nossa imagem". Preocupado com a heresia triteísta, Agostinho argumenta que a Escritura fala de Deus, mas menciona implicitamente as três pessoas: Pai, Filho e Espírito Santo, como observa em *Confissões*, XIII, 5, 6:

No vocábulo "Deus", eu entendia já o Pai que criou todas as coisas; e pela palavra "princípio" significava o *Filho*, no qual tudo foi criado pelo Pai. E, como eu acreditasse que o meu Deus é trino, procurava a Trindade nas vossas Escrituras e via que o vosso *Espírito* "pairava sobre as águas". Eis a vossa Trindade, meu Deus: Pai, Filho e Espírito Santo. Eis o criador de toda a criatura.

Agostinho tentou por toda sua vida encontrar essa imagem de Deus no exterior, mas em tempo percebeu que ela se encontra no interior, na mente. Para Huftier (1968, p. 41), a imagem da Trindade, segundo Agostinho, se expressa na memória, inteligência e amor de si ou memória, inteligência e amor de Deus. Para esse autor, a antropologia agostiniana mostra três momentos: 1) o momento da criação ou *formatio*; 2) momento do pecado ou *deformatio* e 3) o momento do resgate da graça através de Cristo ou *reformatio*.

Percebemos que há uma dupla tendência ao centralizar o lugar da imagem de Deus no humano: uma, mais intelectual, procura ressaltar a mente; a outra, mais corporal, procura no homem integral o lugar da impressão da imagem divina. Se na primeira tendência encontram-se os alexandrinos e Agostinho, na segunda estão os asiáticos e os africanos.

Apesar das tendências, há em comum uma teologia apofática cuja imagem divina diz sempre de um mistério, da absoluta perfeição estampada no ser humano. Talvez a síntese do pensamento patrístico possa ter maior expressão nas palavras de Gregório de Nissa (*A criação do homem*, 161c): "A divindade é o Bem Supremo, para que tendem todos os seres possuídos do desejo do Bem [...]. E como dissemos, o espírito tira sua perfeição de sua semelhança com a Beleza, protótipo de todas as outras, como um espelho que recebe uma forma pela impressão do objeto que nele aparece".

Distinção dos conceitos: imagem e semelhança

Para Panteghini (1990, p. 63-65), a distinção entre imagem e semelhança é uma preocupação dos patrísticos. Irineu de Lyon e Clemente de Alexandria dão a entender que a semelhança é mais perfeita, pois tem a capacidade de elevar a imagem ao estado de perfeição. A imagem é permanente, mesmo depois da queda não perdeu sua condição de divinizar-se ou assemelhar-se. Muitos deles não distinguem os dois termos, mas conservam ao binômio o sentido de divinização. Orígenes, em *Princípios*, por exemplo, releva que a passagem da imagem à semelhança está na imitação de Deus, isto é, agindo segundo a vontade de Deus, como bem lemos na interpretação de Simonetti (1968, p. 463-464):

> [...] O homem, desde a primeira criação, obteve a dignidade da imagem, enquanto a perfeição da semelhança lhe foi reservada para o fim, no sentido de que ele deve consegui-la, imitando Deus com a própria operosidade; assim sendo, lhe foi concedida no início a possibilidade da perfeição por meio da dignidade da imagem, ele pode no fim realizar a perfeita semelhança por meio das obras.

Ao distinguir os dois termos, o pensador de Alexandria insere, depois da citação de Gn 1,26-27, o texto de 1Jo 3,2, que diz: "Caríssimos, desde já somos filhos de Deus, mas nem sequer se manifestou o que seremos! Sabemos que, quando Jesus se manifestar, seremos semelhantes a ele, porque o veremos tal como ele é". Ao trazer esse texto, Orígenes entende que a imagem diz respeito à situação atual, mas a semelhança aponta para o futuro, a escatologia final.

Para o teólogo africano Tertuliano, o humano foi criado livre, árbitro e responsável do seu agir. Mondin (1992, p. 47-49) observa que a liberdade, para o teólogo africano, constitui a essência da imagem e semelhança, por isso o seu pensamento se choca com o determinismo dos gnósticos. Também Irineu distingue as duas expressões traduzidas pela *Vulgata*: *imago* e *similitudo*. Segundo ele, a primeira diz respeito à semelhança com Deus, porém a segunda é semelhança sobrenatural obtida como dom do Espírito Santo. Para o bispo de Lyon (*Contra as heresias*, V, 12, 4), a fórmula "à imagem de Deus" se refere à "carne" visível. É nessa carne que as mãos de Deus – Filho e Espírito Santo – criam o homo *capax dei*, isto é, com capacidade de participar da incorruptibilidade divina. Para ele, existe uma ordem na natureza e Deus se adapta a ela criando uma humanidade imatura, porém com capacidade de desenvolver-se e tornar-se adulta. Adão, para a maioria dos pensadores asiáticos e africanos, devia se exercitar e se aperfeiçoar a fim de alcançar sua habitação maior. Segundo A. Orbe (1968, p. 484-528), para Irineu de Lyon a perfeição viria na obediência absoluta aos mandamentos de Deus, por isso entende que obediência e imortalidade são praticamente conceitos sinônimos. Criado não mortal, Adão, por sua inexperiência, devia ser educado, sua vontade devia ser disciplinada em vista da obediência absoluta em relação a Deus.

O tema da imagem e semelhança foi muito discutido naquela época e hoje há uma retomada. Tal importância pode ser sintetizada pelo teólogo espanhol Juan A. Estrada (2007, p. 185) ao observar que:

[...] essa síntese, cujos efeitos ainda hoje perduram, marca a cristologia, a concepção de Deus e a visão do mundo e do homem. A tendência de desistoricizar Cristo em favor do *logos* divino é a que se impõe, sobretudo no Ocidente, pondo o acento no caráter redentor da graça em oposição à tendência oriental, que acentua a divinização humana. Na realidade, essa fusão grega e cristã é o alicerce sobre o qual o Ocidente é construído, até que apareça o terceiro elemento da síntese que é o Iluminismo moderno.

A função do Espírito na formação humana

O ser humano foi criado segundo a vontade divina, e cabe a ele progredir rumo à perfeição à qual foi chamado. Nesse empenho, o Espírito Santo tem uma função especial. Os Padres da Igreja, de maneira particular Irineu de Lyon, atribuem à terceira pessoa da Trindade um papel fundamental. Trataremos disso ao abordar dois temas importantes: 1. O Espírito Santo e a Trindade; 2. O sopro de vida e o Espírito vivificante. São questões importantes da antropologia antiga que repercutem hoje na doutrina cristã.

A intervenção da Santíssima Trindade é relevante em toda a história da Igreja, seja no Oriente, seja no Ocidente. Para a tradição alexandrina, é na alma que o ser humano recupera a imagem e semelhança, perdida com o pecado. O Espírito Santo é o agente imediato da transformação e do crescimento da imagem, pois ele, imagem do Filho, vai formar, no homem, a perfeita imagem do Pai: Cristo.

Irineu concorda com os gnósticos quanto aos elementos que compõem o ser humano: "pó" e "potência", mas observa que tais elementos estão relacionados às mãos do Pai, que, pelo Verbo, o Filho, forma o ser terrestre e visível e, pelo Espírito Santo, imprime a semelhança celeste e invisível. Para Raponi (p. 484-528), a distinção de Irineu quanto à imagem e semelhança é clara: enquanto "imagem", o ser humano terreno é uma criatura ou ser "criado"; enquanto "semelhança", ele participa do ser incriado. Tal objetivo de tornar-se semelhante a Deus não pode ser cumprido senão baseado no dinamismo deificante do homem carnal e da força que age em segredo: o Espírito Santo.

Na Escola de Alexandria, também se ouvia os rumores de uma antropologia teológica cuja reflexão dava um especial papel ao Espírito Santo. Orígenes (*Princípios* I, 3,8)[5] vê a importância do Espírito Santo na obra de recuperação dos seres racionais. É o agente transformador da imagem à semelhança. Sua ideia principal é essa: para receber o Cristo, precisa ser santificado pela "energia" do Espírito de graça. O ser racional, em primeiro lugar, tem o ser do Pai; em segundo, tem o ser da razão divina ou *logos*; e, em terceiro, o ser é santo pelo Espírito Santo. Quem consegue progredir a este ponto recebe também o dom da sabedoria em proporção à capacidade de ação do Espírito de Deus.

Ao comentar sobre a parábola da dracma perdida, Orígenes (*Homilias sobre o Gênesis* 13,4) especifica o papel do Espírito Santo ao afirmá-lo como luz que ilumina a alma a fim de que o ser humano encontre o verdadeiro tesouro, isto é, o rei celeste. Observa que aquela mulher, depois que acendeu a lamparina, não encontrou a moeda fora de casa, mas dentro, ao varrer a sujeira da casa, acumulada com o passar do tempo. Conclui com isso que, ao deixar-se guiar pela luz do Espírito Santo, o ser humano

---

[5] Cf. SIMONETTI, M. *Testi gnostici cristiani*. Bari: Laterza, 1970. p. 463-464.

encontrará o tesouro dentro de si mesmo, pois é no seu interior, na alma, que foi colocada a imagem do rei celeste. Para o filósofo de Alexandria, é pelo Espírito Santo que Deus transforma o humano e o eleva à plenitude do Ser; à semelhança atingida na escatologia.

Há, na maioria dos primeiros pensadores cristãos, uma apologia sobre o Espírito Santo. Gregório Nazianzeno, Cirilo de Alexandria e Santo Agostinho atribuem à terceira pessoa da Trindade a responsabilidade da restauração da imagem. Gregório chama de deificação o processo pelo qual a imagem sai de um estado voltado para si mesmo para atingir um estado semelhante àquele que a criou. É nesse processo que o Espírito Santo se faz presença. Cirilo de Alexandria, nessa direção, sustenta que o Espírito Santo, imagem do Filho, é quem restaura a originária imagem de Deus no humano. Cristo, a perfeita imagem do Pai, eleva, mediante o Espírito, a imagem de ser humano antes ofuscada pelo pecado. Para ele, ao plasmar uma imagem, Deus faz um animal racional capaz de elevar-se além de sua natureza por causa da impressão vivificante do espírito.

Para Ambrósio e Agostinho, o Espírito Santo impulsiona a imagem. O primeiro observa que só pela energia do Espírito Santo o homem pode se conformar a Deus e para o seu discípulo Agostinho é essa energia que dá cor, reforma, ilumina, renova, liberta, cura e restaura o que antes fora destruído pelo pecado.

O interesse pela ação do Espírito Santo era comum na Igreja primitiva e tem sua base na teologia paulina: "[...] ninguém será capaz de dizer: 'Jesus é Senhor', a não ser sob influência do Espírito Santo" (1Cor 12,3). "Deus enviou aos nossos corações o Espírito do seu Filho, que clama: 'Abá, Pai!'" (Gl 4,6). Ideia apresentada em nossos dias pelo *Catecismo da Igreja Católica* (n. 683), em que diz que o reconhecimento, na fé, do Filho de Deus se dá pelo Espírito Santo, que precede e suscita no ser humano o desejo de salvação. Por força do sacramento do Batismo, a vida, que surge do Pai, é oferecida pelo Filho e comunicada íntima e pessoalmente pelo Espírito Santo na Igreja. Pelo Batismo o Espírito Santo age na Igreja conduzindo o fiel à semelhança com o Cristo. T. Spidlik (1980, p. 385-386) observa que o Espírito Santo é Deus que vivifica a vida humana direcionando-a para um fim estabelecido pelo Criador, e essa ideia se encontra em Basílio de Cesareia:

> O homem carnal, porém, não tendo o espírito exercitado na contemplação, ou antes inteiramente sepultado num lamaçal, os pensamentos e as inclinações carnais (cf. Rm 8,6), não consegue erguer os olhos para a luz espiritual da verdade. Por isso, o mundo, isto é, a vida sujeita às paixões carnais, não acolhe a graça do Espírito, assim como um olho doente não aceita a luz de raios do sol.[6]

O "sopro de vida" é o mesmo "Espírito vivificante"? Irineu de Lyon faz uma distinção entre ambos a fim de identificar a fase terrena e a celeste, próprias da carne. O primeiro foi soprado em Adão e toda humanidade o recebeu. O Espírito, ao contrário, foi enviado nos últimos tempos somente aos filhos adotivos de Deus. Se o sopro é temporal, o Espírito é eterno. No sopro há a possibilidade da morte; no Espírito, o penhor da vida. Assim, confronta o princípio vital distinguindo o sopro da primeira criação e o dom do Espírito infundido no final dos tempos. Tal

---

[6] Tratado sobre o Espírito Santo 22,53. In: *Patrística*. São Paulo: Paulus, 2005. v. 14, Basílio de Cesareia, p. 155.

esquema não deve ter engano. Há na primeira fase a criação, na qual o ser humano foi feito e animado, passando a viver sua natureza; na outra fase, a criatura entra na comunhão do Espírito, passando ao "Estado sobrenatural". Apresenta, com isso, uma antropologia cujo objeto é um ser que, desde sua origem, foi destinado a desenvolver-se movido pela potência divina.

Os Padres da Igreja consolidaram a ideia do Espírito Santo como uma "Pessoa" da Trindade, cuja função é fundamental na santificação do ser humano. Em síntese, o *Catecismo da Igreja Católica* (n. 743) confirma seu pensamento ao observar que do início ao fim dos tempos Deus envia o Filho e o Espírito: a missão deles é conjunta e inseparável na obra da santificação humana, que, desde a origem, recebeu a graça de ser criada à "imagem e semelhança" do Criador.

Pecado: imagem deformada

O Livro do Gênesis apresenta o relato da queda sob dois símbolos: a serpente e a árvore do conhecimento do bem e do mal. Em torno deles, é narrado o drama da desobediência ou da infidelidade do ser humano, criatura, perante o Criador. A maioria dos primeiros teólogos apresenta o pecado como ingratidão, por isso concordam que a imagem divina ficou ofuscada, a semelhança decaída, estabelecendo na alma humana uma situação de medo e culpa. Sobre essa situação comenta, com precisão, o teólogo contemporâneo E. Drewermann (1993, p. 662): "[...] tendo levantado a tese de que o homem não só tem medo porque é culpado (Gn 3,7-8), mas, pelo contrário, ele torna-se culpado por medo".

Vale a pena uma reflexão, em primeiro lugar, sobre o pecado como o não cumprimento do plano de Deus; em segundo lugar, sobre o problema do castigo. Por que foi necessário que Deus castigasse com a morte o pecado?

O plano interrompido

Geralmente, ao falar em pecado vem à memória a passagem do Livro do Gênesis (3,1-7) que narra o diálogo entre a serpente e Eva. O pecado se apresenta através de uma simbologia rica em interpretação. Mas é preciso ressaltar entre as palavras-chave apenas duas: serpente e árvore. A serpente era considerada por Israel e Babilônia como a encarnação do mal. A árvore tinha o poder de dar àqueles que comem de seu fruto a liberdade de "penetrar" (*aida*), por si, a realidade do bem e do mal. Ela simbolizava, nas tradições orientais, o desejo de eternizar a vida, tornando-a divina. André Chouraqui (1995, p. 2) observa, na narrativa da queda, que "Eva se abriga atrás da serpente, enquanto Adam imagina fugir à sua responsabilidade abrigando-se atrás de sua mulher e tentando culpar ao próprio Eloim que lhe pôs sobre os braços uma auxiliar realmente 'contra ele' (4,5; 7; 9; 17)".

Para Irineu de Lyon, o ser "insaciável" almeja o lugar do Criador e por isso desrespeita sua lei. Segundo A. Orbe (1969, p. 273), é através do conceito de "desobediência" que Irineu compreende a teologia do pecado. O ser humano não cumpriu a lei, por isso desobedeceu e tornou-se pecador.

O pecado de Adão traz, ainda hoje, sérias consequências e Irineu (*Contra as heresias*, V, 17, 1) o associa à infância da humanidade. Não podia Deus criar o ser humano perfeito sem pecado, desde o início? Para ele, Adão era uma criança desobediente ao Pai. Ele, moral, espiritual e intelectualmente é um imaturo, e o esforço de Deus é comparado ao esforço de uma mãe que se preocupa em alimentar o neonato a fim de dar-lhe um alimento especial para sua saúde. Pecado é desobediência, e foi por ela que, em Adão, a humanidade tornou-se pecadora.

O *Catecismo da Igreja Católica* (n. 397) retoma a ideia do pensador de Lyon ao ensinar que pela tentação diabólica de Adão o ser humano não só desobedece ao Criador como compromete sua liberdade. O ser humano, tentado pelo diabo, deixou de ser fiel ao seu Criador, abusou da liberdade e o negligenciou. Eis o primeiro pecado que abrirá as portas à desobediência e à falta de fé na bondade divina.

Muitos teólogos dramatizaram a situação do pecado vendo nele a incapacidade de exaltação da natureza terrena, como os gnósticos, por exemplo, mas outros viram na queda uma etapa ou processo pelo qual devia passar a humanidade até a vinda gloriosa de Cristo. Irineu de Lyon assegura que a desobediência de Adão não paralisou a história da salvação que se devia cumprir plenamente em Cristo. Só nele a humanidade seria redimida da dívida e poderia ouvir: "[...] teus pecados estão perdoados!" (Mt 9,2; Lc 5,20).

Em nossos dias, O. Cullmann (1965, p. 151-207), seguindo a linha do pensador de Lyon, observa que só em Cristo o ser humano pode ser restaurado. Cristo é, para ele, não só restaurador, mas antes instaurador, uma vez por todas, do desígnio divino. Em outras palavras, tudo o que Deus fez em Adão foi feito visando o Cristo.

A Escola alexandrina, ao refletir sobre a "queda", a discute sob o ponto de vista da filosofia grega. Para a maioria dos seus pensadores, o pecado escureceu a inteligência de tal forma que o ser humano tornou-se irracional e sem lógica. Essa ideia aparece na obra *O pedagogo*, de Clemente de Alexandria, ao relacionar o pecado ao mal. Segundo ele, o pecado atingiu por inteiro a estirpe humana e, a partir daí, o ser humano se viu inclinado ao mal, seu intelecto ficou ofuscado e ele se tornou um ser "irracional", desfigurado em relação ao *Logos*; ideia que vai repercutir, mais tarde, no pensamento de Gregório de Nissa, sobre a "diminuição da imagem". Para ele, a imagem primordial não foi destruída com o pecado, mas diminuída.

Cirilo de Alexandria não fala de "irracionalidade", tampouco de "diminuição da imagem", mas dá a entender, em seu tratado sobre a *Trindade*,[7] que, depois do pecado, há uma desarmonia no binômio imagem e semelhança. Adão, para ele, era imagem pelo fato de ser racional e se orientar naturalmente à virtude; era semelhança pela presença viva do Espírito Santo que o faz participante da natureza divina. Adão devia cooperar com o Espírito mediante ações virtuosas e, com isso, crescer rumo à "filiação". Mas ao desobedecer perdeu a presença do Espírito e "o esplendor que leva o homem à santidade e à filiação de Deus". Na mesma ideia de Cirilo, Atanásio (*Encarnação do Verbo* III, 12,6)[8] observa que, apesar do amor de Deus, os homens preferiram os males ou o pecado, "a ponto de não parecerem mais seres racionais, mas assemelharem-se pelos costumes irracionais".

---

[7] Cf. RAPONI, S. Immagine e somiglianza nei Padri. In: ANCILLI, Ermanno. *Temi di antropologia teologica*. Roma: Teresianum, 1981. p. 301.

[8] Encarnação do Verbo. In: *Patrística*. São Paulo: Paulus, 2002. v. 18, Santo Atanásio, p. 117-201.

Agostinho releva o problema do pecado como "deformação" da imagem de Deus no homem. Afirma que a *Imago Dei*, por ser a essência do ser humano, não está inteiramente perdida nem totalmente corrompida, mas só deformada. Segundo ele, pelo pecado o ser humano perdeu a justiça e a santidade, por isso sua imagem ficou deformada e sem cor. M. Huftier (p. 40), comentando a posição do bispo de Hipona, observa que o pecado, para ele, é o *deformatio* ou a pretensão do ser humano de se "alegrar da própria excelência e de não dever nada a Deus".

Na antropologia de Irineu, o pecado aparece numa nova interpretação em relação à criação humana: com a queda, a semelhança sobrenatural ou a *similitudo* do ser humano em relação a Deus se transformou e a possibilidade da incorruptibilidade se perdeu, mas a *imago* natural, pela bondade do Criador, continuou inalterada.

Para a maioria dos Padres, a imagem de Deus no ser humano, apesar da desobediência de Adão, permanece; mesmo que seja de forma "irracional", "diminuída", "perdida" e "deformada", ela nunca é aniquilada.

Morte: a correção divina

Historicamente, a morte é apresentada como castigo pela transgressão de Adão. A relação entre pecado e morte é positiva: "No dia em que comerdes da árvore da ciência do bem e do mal morrerás" (cf. Gn 2,17). Para A. Orbe (1969, p. 272-276), o que em uma concepção normal teria sido um fenômeno puramente físico, sem conotação moral, na concepção teológica é atestado como falta do ser humano diante de Deus, por isso representa o todo dos castigos recebidos (Gn 3,9-24). A morte não é a causa dos pecados pessoais, mas é consequência da transgressão humana, que, por si, não traz o falecimento físico, mas determina uma escolha que suspende o estado não mortal do paraíso.

Acerca da suspensão da não mortalidade, Irineu de Lyon observa (*Contra as heresias*, V, 19, 1) que foi a desobediência do primeiro casal humano que obrigou Deus, fiel às suas promessas, a castigá-lo com a morte física, e, como todos pecamos em Adão, somos todos castigados nele, "porque, envolvidos todos na criação originária de Adão, fomos vinculados à morte". Mas o que teria acontecido ao ser humano se Deus não castigasse sua transgressão? Os Padres da Igreja procuram responder a essa questão, mas a preocupação maior vem do bispo de Lyon. Para ele, se Deus não tivesse primeiramente ameaçado a transgressão com a pena de morte e se não o tivesse castigado, o gênero humano teria permanecido no pecado e o mal se perpetuaria de forma insanável. O delito seria imortalizado e o ser humano, perdido para sempre, não gozaria da indispensável saúde a que Deus o destinara (*Contra as heresias*, III, 23, 6). A. Orbe, ao fazer a leitura de Irineu de Lyon, observa que ele insiste no fato de que o pecado distanciou o ser humano de Deus e de seus benefícios, por isso era preciso que a promessa da morte fosse cumprida, pois, se não o fizesse, o pecado seria imortalizado.

Na Escola de Alexandria, Orígenes deixa transparecer em seu comentário que o maior castigo de Adão foi ser privado de participar da vida divina, ou seja, não comunga mais dos bens da imortalidade e da incorruptibilidade, uma vez que ele devia voltar-se à imagem arquetípica, o

Verbo, e imitá-lo. Para o pensador de Alexandria, mesmo no castigo podemos perceber a misericórdia de Deus, pois o ser humano possui ainda a divina "semente" do intelecto, sede da imagem. Os Padres da Igreja ocidentais, influenciados pelo pensamento de Orígenes, entendem que o castigo de Adão é a perda da imagem de Deus e da participação celestial. Com o pecado, homens e mulheres tornam-se "terrestres", exilados do paraíso, perdendo o direito de serem chamados de humanos.

Irineu, numa reflexão mais asiática, dramatiza o dilema divino: a) ou eternizava o pecado no ser humano, como o da serpente, penalizando-o com uma definitiva separação de Deus; b) ou o fazia temporal, punindo-o, por fim, com a morte física, a fim de restituir-lhe um dia a sua amizade e o Reino. O dilema é resolvido na medida em que o pecado e o castigo têm razão de ser no plano da história da salvação, em que há um dinamismo estabelecido entre criação e redenção. Contra a gnose, inimiga do corpo, da matéria e do mundo, Irineu desenvolve uma teologia da história, na qual é impossível separar os dois conceitos: criação e redenção. Para ele (*Contra as heresias*, III, 22,1), a criação se orienta, de antemão, a ser redimida em Cristo e pode ser redimida enquanto matéria, uma vez que surgiu das mãos de Deus-Criador e não de um demiurgo mau. Deus a tirou do nada em comum acordo com o Filho e com o Espírito. Daí resulta o caráter teológico: em Cristo, enquanto cabeça do corpo cósmico, redimido, deve ser "recapitulado" todo ser criado, principalmente o primeiro Adão, criado com um único destino: ser verdadeira imagem e semelhança de Deus.

O pecado entrou no mundo por meio de Adão e por meio de Cristo ele saiu. O plano de Deus para a humanidade continua vivo. Cristo, o novo Adão, como diria o apóstolo Paulo, resgata o ser humano e o orienta como o verdadeiro caminho. Cristo, a verdadeira imagem do Deus invisível, resgata no ser humano a imagem perdida da primeira criação. Só nele o homem pode ser, na concepção de Hilário de Poitiers, verdadeiro homem.

Salvação: a imagem semelhante em Cristo

Cristo é a resposta de Deus ao ser humano, é nele que se concretiza a salvação projetada desde o início da criação. A teologia da criação fica sem sentido, para os cristãos, se a referência não for o Cristo, como Paulo já anunciava: "[...] ninguém pode colocar outro alicerce diferente do que já está colocado: Jesus Cristo" (1Cor 3,11). Eis uma "confissão de fé" que, sem ela, dizia Martinho Lutero, o Cristianismo desapareceria.

A partir desse pressuposto, Irineu de Lyon trabalha o conceito de "recapitulação". No Filho, Deus-Pai recapitula todas as coisas, até mesmo sua imagem, há muito ofuscada pelo pecado: "[...] Quem me viu, tem visto o Pai. [...]" (Jo 14,9). A humanidade vê em Cristo o paradigma que conduz à salvação: "Ele é a imagem do Deus invisível, o primogênito de toda a criação, pois é nele que foram criadas todas as coisas, [...]" (Cl 1,15-16). Em Cristo, Deus humanizado, é possível a divinização humana, ideia central no pensamento de Irineu. Para ele, o ser humano se torna filho, através do Filho, recebendo a filiação adotiva e podendo participar da felicidade eterna.

Os teólogos de Alexandria afirmam, em consonância com Irineu de Lyon, que a revelação do Cristo não pode ser interpretada a serviço do pecado, mas em função da participação na glória divina. Clemente faz uso da palavra grega *theopoiesis* para indicar que a graça divina não diminui a natureza humana, de tal forma que, pela adoção, a pessoa pode se tornar verdadeiro filho de Deus, acentuação encontrada na Segunda Carta de Pedro, onde se lê: "foram-nos concedidos os bens prometidos, os maiores e mais valiosos, a fim de que vos tornásseis participantes da natureza divina, [...]" (2Pd 1,4).

Para Atanásio, só na encarnação do Verbo há possibilidade de divinização do ser humano, pois a razão da encarnação é para que o homem possa, através de Cristo, participar da essência divina. Stead (2002, p. 188-192), ao interpretar o pensamento de Atanásio, observa uma certa sincronia, pois, para o bispo de Alexandria, o corpo só será santificado na carne do Verbo divino, que, por sua morte, destruiu a morte, venceu o poder dos demônios e abriu ao ser humano o caminho do céu. De fato, observa Atanásio, em *Encarnação do Verbo* (IV, 5): "Mais admirável era que vivia como homem; enquanto Verbo, porém, dava a vida a todos os seres e enquanto Filho estava junto do Pai. Assim, quando a Virgem o gerou, nada sofreu, nem a presença num corpo o manchou; ao contrário, também santificou o corpo".

Nessa direção caminha o pensamento de Basílio de Cesareia, quando afirma que "o homem é uma grande coisa", *mega anthropos*. Para T. Spidlik (p. 377-402), Basílio propõe que em Cristo o ser humano possua três prerrogativas fundamentais: 1) ser imagem de Deus; 2) ter a faculdade de conhecer Deus; 3) possuir o domínio sobre as outras criaturas.

O destino da humanidade é divinizar-se ou tornar-se "imagem e semelhança" de Deus em Cristo. Para Irineu de Lyon (*Contra as heresias*, V, 36, 3), o conceito de "recapitulação" deixa mais clara a teologia da "imagem e semelhança", pois o Espírito Santo concede ao ser humano a graça de ser "conforme" o Filho e participar da vida do Pai. Por isso a narrativa da criação só se torna compreensível no momento da encarnação do Verbo. Ali a imagem de ser humano fica evidente, pois é nesse fato que ela é restaurada (*Contra as heresias*, V, 16, 2):

> Na Antiguidade, com efeito, dizia-se que o homem foi criado à imagem e semelhança, mas isso não era claro, pois o Verbo do qual o homem foi feito imagem ainda era invisível: por isso perdeu facilmente a semelhança. Mas, após a encarnação, confirma-se uma e outra: através dele, a imagem aparece em toda a sua verdade e a semelhança é restabelecida, o homem torna-se plenamente semelhante ao Pai invisível, por meio do Verbo encarnado.

O pensador de Lyon usa o termo "homem" e não "carne" e assim faz não para diminuir o sentido da palavra, mas para elevá-la ao seu pleno significado. A maioria dos Padres não pensa Gn 1,26-27 fora de Cristo. Para eles, a encarnação do Verbo torna visível o Deus Criador que até então vivia de forma escondida (*Contra as heresias*, III, 22, 3):

> Lucas apresenta uma genealogia do nascimento de nosso Senhor a Adão que comporta setenta e duas gerações: retoma do fim ao começo e dá a entender que o Senhor é aquele que recapitulou em si todas as nações dispersas a partir de Adão, todas as línguas e as gerações dos homens e cumpriu ele mesmo a falta de Adão. É por isso que Paulo diz de Adão "figura daquele que devia vir" (Rm 5,14): pois o Verbo, artesão do universo, tinha esboçado diante de Adão a futura "economia" da humanidade que seria o Filho de Deus; Deus estabeleceu, em primeiro lugar o homem psíquico a fim de que, com toda evidência, fosse salvo pelo homem espiritual (1Cor 15,46). Com efeito, visto que já existia aquele que

salvaria, foi necessário que o que seria salvo viesse à existência a fim de que o salvador tivesse uma razão de ser.

Assim, o motivo pelo qual o Verbo se fez carne e o Filho de Deus tornou-se filho de homem é para que, ao comungar da imagem do Deus invisível, o ser humano pudesse tornar-se filho de Deus. Pela encarnação as coisas se renovam. Nela tudo é recapitulado, e a verdade é plenamente revelada.

Para L. F. Ladaria (1992, p. 58), há uma diferença no pensamento das escolas alexandrina e asiática com relação à encarnação do Verbo. Se a primeira acentua a preexistência e a eternidade do Verbo, a segunda ressalta o Verbo encarnado e histórico. Apesar das diferenças, podemos encontrar algo de comum em sua cristologia: só em Cristo o ser humano pode ser reintegrado como filho e recuperar a imagem distorcida em Adão. É certo que temos de considerar essa diferença, pois são culturas diferentes. Mircea Eliade (2001, p. 97) diria que, se Alexandria tem sob os pés a ideia circular da eternidade, influenciada pelo mito do "eterno retorno", próprio da realidade grega, a Ásia, sob influência da cultura hebraica, concebe o tempo, como uma linha, histórico, com um início e um fim.

Para Clemente, a encarnação mostra o Verbo (*logos*), consubstancial ao Pai, fazendo-se consubstancial aos homens, pois, ao assumir um corpo corruptível e mortal, ele estabelece uma relação real com toda a humanidade. Tal relação se concretiza no dom do Espírito, através do qual o ser humano se torna filho no Filho.

Orígenes fala de *anakrasis*, termo grego utilizado para significar a união entre a natureza divina e humana. Essa união consiste em que (*Homilias sobre o Gênesis*,

1, 13) "todos aqueles que vêm a ele e se esforçam para participar da imagem" racional "através do seu avanço espiritual se renovam dia a dia segundo o homem interior, a imagem daquele que lhe fez, de modo que podem se tornar conforme ao seu corpo de glória". A união consubstancial é o centro da teologia de Gregório de Nissa, pois é através dela que os pecados são perdoados (*Oração catequética* 15: PG 45, 48b):

> A nossa natureza, doente, implorava a cura; decaída, implorava o reerguer-se; morta, implorava a ressurreição. Tínhamos perdido a posse do bem; era necessário que ela nos fosse restituída. Afundados nas trevas, queríamos a luz; perdidos, esperávamos um Salvador; prisioneiros, um defensor; escravos, um libertador. A humanidade se encontrava em uma condição miserável e infeliz. Todas essas razões são privadas de importância? Não são suficientes para que Deus se comovesse e descesse até a nossa natureza humana para visitá-la?

Por fim, J. Danielou (1975, p. 467-470) observa que, no esquema da patrística, principalmente no de Irineu de Lyon, o corpo foi criado corruptível, mas capaz de incorruptibilidade, verdade comunicada no paraíso. Na imagem, há o estatuto da "semelhança", completude do ser humano. Se no primeiro Adão a imagem se perdeu no segundo, Cristo, ela se firma até o fim. A antropologia dos Padres da Igreja faz eco, atualmente, na Conferência de Aparecida, onde se diz que Jesus Cristo é a plenitude de vida que eleva a condição humana à condição divina: "Eu vim para que tenham vida, e a tenham em abundância" (Jo 10,10).

Procuramos abordar o tema da imagem e semelhança e compreender como ele é tratado na Bíblia e nos primeiros pensadores cristãos. Foi uma retomada do assunto a fim de ressaltar a importância do tema hoje. Falamos das primeiras interpretações: Fílon de Alexandria, os gnósticos e os Padres da Igreja.

A doutrina dos primeiros Padres se opõe a um pensamento que estava absorvendo, na época, a teologia cristã: o gnosticismo. Para os gnósticos, existe um abismo imenso entre Deus e a criação, o espírito e o corpo. Há um dualismo sem possibilidade de síntese. Não viam uma solução entre Deus e os homens, como queria a patrística ao falar de Cristo. Como acreditar que Deus possa assumir uma carne se a carne é um mal? A gnose destruía os dados da revelação fazendo desacreditar na encarnação e na ressurreição corpórea de Jesus Cristo. Contra essa ideia geradora de heresias, os Padres da Igreja se posicionaram defendendo a unidade e a encarnação como pressupostos para a salvação da humanidade. Irineu de Lyon é o que mais se opõe aos gnósticos, chamando-os "falsos" teólogos.

O tema da imagem e semelhança é pertinente em nossos dias. Hoje vivemos em um mundo cujas relações se articulam pela imagem. Na relação com Deus, com o outro, com o mundo e consigo mesmo. É através da imagem que a pessoa se comunica. Este ensaio ajuda a não esquecer a pergunta: qual é a imagem de Deus impressa na alma humana? Se a resposta vem das relações de poder e riqueza, então entendemos que o objetivo da imagem é tornar-se semelhante aos tesouros da terra, e aí Deus é desenhado segundo o ego humano, isto é, como uma projeção do indivíduo. Mas se há um entendimento de que Deus imprime sua imagem na alma humana e, como Agostinho, a pessoa deixa que "seja feita a vontade divina", então Cristo é protótipo e sua pedagogia é "vida em abundância", que se expressa no esvaziamento do eu, na pobreza.

Olhando para o pobre de Nazaré, enxergamos o ser humano que levou até o final o projeto de perfeição: ser imagem semelhante. Nele há possibilidade de participar da comunhão divina e de colocar sempre as provocações antropológicas: quem sou eu? De onde venho? Qual é minha missão? Para onde vou e o que me espera?

A Campanha da Fraternidade de 2008 retornou à antropologia teológica dos primeiros Padres da Igreja a fim de orientar os cristãos a uma reflexão sobre a escolha da "vida" à luz da Palavra de Deus. Há o entendimento de que é na humanidade que Deus age, criando e recriando o "ser vivente". Irineu de Lyon, particularmente, frisou que "a glória de Deus é o ser vivente", isso quer dizer que Deus optou pela vida, e seu apelo se faz presente hoje, numa Igreja onde, em uníssono, escolhendo pela vida, se ora:

> Ó Deus Pai e Criador, em vós vivemos, nos movemos e somos! Sois presença viva em nossas vidas, pois nos fizestes à vossa imagem e semelhança. Proclamamos as maravilhas de vosso amor presentes na criação e na história. Por vosso Espírito, tudo se renova e ganha vida. Nosso egoísmo muitas vezes desfigura a obra de vossas mãos, causando morte e destruição. Junto aos avanços, presenciamos tantas ameaças à vida. Que nesta quaresma acolhamos a graça da conversão, tornando-nos mais atentos e fiéis ao Evangelho. Que o compromisso de nossa fé nos leve a defender e promover a vida no seu início, no seu crescimento e também no seu declínio. Vosso Filho Jesus Cristo, crucificado-ressuscitado, nos confirma que o amor é mais forte que a morte. Como seus discípulos queremos "escolher a vida".[9]

---

[9] CONFERÊNCIA NACIONAL DOS BISPOS DO BRASIL. *Manual da Campanha da Fraternidade 2008*. São Paulo: Salesiana, 2008. Oração da Campanha da Fraternidade, p. 287.

Capítulo III
A SEMELHANÇA DA IMAGEM

O mundo ocidental é marcado pela união da cultura grega e da cultura judaico-cristã. Com a civilização grega vimos surgir, de forma sistemática, a política, a lógica e a ética. O movimento filosófico iniciado na Academia de Platão e no Liceu aristotélico contribuiu para a organização legal das cidades-estados. Mais tarde, ao encontrar-se com a mensagem de São Paulo sobre a *Polis* Celeste, essa filosofia se viu como auxiliadora eficaz no embasamento de leis e dogmas favoráveis à sociedade cristã.

No início, sob a orientação platônica, surgiram várias escolas de incentivo ao pensamento ético cristão. Os Padres da Igreja estavam em toda parte do Império Romano: Roma, Alexandria, Cartago, Hipona, Lyon, Éfeso etc. Mais tarde, o Cristianismo conheceu, através dos árabes Averrois e Avicena, o pensamento de Aristóteles. Isso fez com que as escolas se renovassem e modificassem seus métodos de pesquisa. Sob a orientação de Anselmo e Alberto Magno, surgem vários pensadores, que iniciam o movimento escolástico, termo que designa um corpo de doutrinas elaborado nos grandes centros de estudos da Cristandade a fim de escrever e ensinar com precisão lógica e capacidade crítica. A ideia era que em toda igreja houvesse uma escola e em cada escola uma igreja.

As pesquisas da escolástica partem da tentativa de harmonizar razão e fé. A razão, através de sua capacidade crítica e lógica, deve servir à revelação de tal forma a construir um edifício de ideias favoráveis ao Cristianismo. Assim, a filosofia, enquanto sistema, devia servir às escrituras sagradas, ajudando os teólogos a interpretarem-nas.

A *lectio* e a *disputatio* constituíam a didática da universidade. Ler é a regra primeira, pois não só as ideias individuais, mas as ideias já construídas pela tradição cristã são fundamentais para uma boa discussão nos seminários entre estudantes e mestres. O método utilizado no *disputatio* consistia em debater uma questão considerando a razão e a fé; a filosofia e a teologia; o natural e o sobrenatural.

Se no Cristianismo primitivo os Padres da Igreja submeteram a filosofia à fé e à teologia cristã, nos primórdios da escolástica, ao contrário, se reconhece a filosofia como disciplina independente, no que diz respeito ao método. Esse reconhecimento atuou de formas diversas, entre as quais emergiram de modo particular as impostações de Anselmo de Cantuária, Scoto Erígena, Mestre Eckhart e Tomás de Aquino.

No século IX, o pensador irlandês Scoto Erígena, através de sua obra *Divisão da natureza*, dera início a um pensamento de valorização dos conceitos universais. A pergunta de Scoto era clara: "Que valor têm os conceitos universais em relação às coisas particulares?". Sua resposta seria considerada pela maioria dos escolásticos. Para ele, existem três soluções para essa pergunta: *realismo transcendente, realismo moderado e nominalismo*:

1. *Realismo transcendente.* Vem do pensamento platônico, é o *Universal ante rem*, é a ideia em si, independente da mente que a pensa ou das coisas que a indicam.

2. *Realismo moderado*. A ideia tem sua realidade objetiva fora da mente, porém imanente às coisas das quais depende. É o *Universal in re*. Tal solução vem do hilemorfismo aristotélico que prioriza a forma como determinante da matéria.

3. *Nominalismo*. Sem existência objetiva, a ideia (ou Universal) depende da mente, é uma construção puramente racional, é o *Universal pos rem*. Ideia antes defendida pela filosofia helênica, que se baseava no conhecimento e na moral.

No século XI, o beneditino italiano Anselmo de Aosta se destacou no cenário do pensamento filosófico cristão. Quando era prior e abade em Bec, na Normandia, pôde escrever a maioria de suas obras, numa tentativa de síntese dos conhecimentos anteriores acerca de Deus e da realidade, motivo pelo qual "é considerado por alguns como primeiro dos escolásticos". Entre suas obras estão aquelas que argumentam a favor das provas racionais da existência de Deus: *Monologion* e *Proslogion*. A primeira obra, chamada também de *Solilóquio*, trata das provas *a posteriori*, segundo as quais podemos conhecer a causa pelos efeitos que ela provoca, ou, no sentido de Scoto, o Universal pode ser conhecido pelo particular. A segunda, classificada *Colóquio*, propõe que as provas *a priori* surgem da certeza da causa e é só no *Excitatio mentis ad contemplandum Deum*[1] que podemos conhecê-la:

> Não intento, Senhor, penetrar tua profundidade, porque de nenhuma maneira posso comparar com ela minha inteligência; porém desejo compreender tua verdade, mesmo que seja imperfeitamente, essa verdade que meu coração crê e ama. Porque não busco

---

[1] Cf. *Proslogion*, I, 366 e 367.

compreender para crer, mas crer para chegar a compreender. Creio em efeito, porque se não acreditasse não chegaria a compreender.

Para Anselmo, é esforço inútil chegar à fé pela compreensão, mas é perfeitamente possível descer da segurança da fé para o plano da inteligência. Para ele, a fé deve auxiliar a razão e a razão diante da fé tem o dever de considerá-la e ajudá-la na defesa de seus argumentos.

Na mesma proposta de Anselmo, de provar a existência de Deus, Tomás de Aquino argumenta que filosofia e teologia são disciplinas autônomas, porém interdependentes, por isso procura elaborar uma síntese entre razão e fé; revelação e conhecimento. Se por um lado a filosofia e a teologia se diferenciam por sua finalidade e por seus respectivos métodos, por outro demanda-se uma colaboração íntima entre elas. Quanto à *finalidade*, Tomás de Aquino observa que a teologia pode nos auxiliar na busca das verdades necessárias à salvação, visto que Deus não revelou ao ser humano todas as verdades sobre as coisas, porém, segundo ele, ao lado da teologia há lugar para uma ciência natural ou a filosofia, que investiga as coisas como objetos independentes de pesquisa. Quanto aos *métodos*, diz Aquino que

> o filósofo tira seus argumentos das essências das coisas, ou seja, de suas causas próprias. O teólogo, ao contrário, parte sempre da Primeira causa ou de Deus, servindo-se, principalmente, de três classes de argumentos: ora afirma uma verdade, baseando-se na autoridade da revelação divina; ora apela à glória infinita de Deus, cuja perfeição se trata de salvaguardar; ora reporta-se ao poder infinito de Deus, que transcende os limites da ordem natural: "Nam philosophus argumentum assumit ex propriis rerum causis; fidelis autem ex causa prima".[2]

---

[2] *Contra os gentios*, II, 4.

Quanto à harmonia entre fé e ciência, deve ser unânime no conhecimento da verdade, e a lógica nos mostra isso: todo o conhecimento vem de Deus, de tal forma que os princípios do saber estão contidos na sabedoria divina. Ora, tudo o que vem contrariar tais princípios não pode vir de Deus. Logo, não há contradição entre razão e revelação, ambas procedem de Deus. A partir dessa conclusão, observa o Doutor Angélico: "Ademais, o conhecimento das coisas naturais é de grande utilidade para a teologia, porquanto elas nos anunciam a sabedoria de Deus e nos concitam à admiração, à reverência e ao amor de Deus".[3] Assim, o filósofo "busca os seus argumentos na análise racional da essência das coisas, na necessidade interna das suas causas próprias", o teólogo "os pede ao princípio extrínseco de uma revelação histórica".[4] Santo Tomás pensa a relação filosofia e teologia como duas disciplinas distintas, porém não separadas, contribuindo na formação de uma mística contemplativa cujo estatuto teológico seria reconhecido definitivamente pela Igreja Católica.

É no contexto escolástico, das impostações sobre o universal, da relação fé e razão e vida mística, que encontramos o pensador e místico Eckhart. Para compreender melhor seu pensamento, é importante considerar seu entendimento sobre Deus e sua preocupação com o homem. São considerações-base para a compreensão do processo pelo qual passa a alma que deseja a Deus.

---

[3] Ibid., I, 7 e 9.

[4] Em toda a sua obra, Santo Tomás reconhece a legitimidade da filosofia como recurso da teologia. É desse modo que concebe a relação harmônica de fé e razão: "A sacra doutrina se serve também da razão humana, não para demonstrar o dogma, porque senão se perderia o mérito da fé; mas para clarear alguns pontos do seu ensinamento. A graça não destrói a natureza, mas aperfeiçoa, a razão deve servir à fé, no mesmo modo que a inclinação natural da vontade secunda a caridade... É assim que a sagrada doutrina utiliza também a autoridade dos filósofos que com sua razão atingem o conhecimento da verdade" (*S. Th.*, I, q. 1, a. 8, ad 2).

Mestre Eckhart nasceu em Tambach, sul de Gotha, em 1260, e quando jovem conheceu a Ordem Dominicana, onde permaneceu toda a sua vida. Em Erfurt, norte da Alemanha, aprendeu os valores comunitários relacionados ao trabalho, à oração e ao estudo. Enviado a Paris, a fim de aprofundar seus estudos, conheceu pessoas escoladas, responsáveis pelo grande movimento chamado escolástica, com quem manteve grandes debates. Entre esses ilustres estavam o mestre Alberto Magno, iniciador de uma mística especulativa de inspiração dionisiana, e o colega Tomás de Aquino, cuja ideia de contemplação, observa Lima Vaz (2000, p. 39), foi tirada da ideia aristotélica de "conhecimento por conaturalidade".

Escolástica é o nome dado aos scholasticus da Idade Média, mestres em artes liberais, filosofia e teologia. As escolas, nessa época, tinham características diversas: as monacais eram ligadas às abadias; as episcopais funcionavam anexas às catedrais; e as palatinas, dependentes do palácio ou da corte real. As escolas palatinas foram projetadas no Império Carolíngio com exigências no plano de ensino: literatura, artes liberais e estudos bíblicos. Paris, na França, e Bolonha, na Itália, formavam os grandes centros universitários da época. Foi em Paris que Eckhart conheceu o trívio e quatrívio das artes liberais: o primeiro era obrigatório e constava de gramática, lógica e retórica; o segundo tinha na grade: aritmética, geometria, astronomia e música.

Aos 20 anos foi para Colônia e, sob a tutela dos pregadores dominicanos, principalmente Alberto Magno, conheceu as obras de Aristóteles, cuja filosofia se tornou muito importante para afirmações teológicas cristãs. Em

Colônia, Eckhart iniciou sua vida de intelectual dominicano e, mais tarde, aos 63 anos, encerrou sua carreira como mestre.

No início do século XIV, assumiu a província (Alemanha-Holanda) como provincial, diretor espiritual e, logo depois, superior-geral da Ordem. Nessa época escreveu *sermões* e *instruções espirituais*.

Em Colônia, aos 63 anos, como diretor da universidade, começou um conflito com a cúpula romana que o levou, em 1326, a se retratar diante do Santo Ofício. A obra *Divina consolação* foi considerada "heresia" ou "abrolhos no campo do senhor". Diante dos inquisidores de Avignon (1327), Eckhart observou sua fidelidade a Deus diante dos homens, defendendo os seus escritos como uma "simples reflexão em favor da fé" e não como um tratado de dogmática. Apesar disso, foi condenado por suas fabulações. Mestre Eckhart morreu em abril de 1328, sem assistir ao processo que o condenou.

Mestre Eckhart foi um místico, mas também um acadêmico. Sua teologia se orienta na direção de Anselmo de Aosta ao confirmar em seu Sermão 29 que o Ser da contemplação é aquele acima do qual não concebemos nada maior. Deus é, para ele, "o ser em comparação ao qual nada de melhor se pode pensar". É o Ser Uno ao qual toda vontade, pensamento e amor são destinados: "Tudo o que é, ama e busca a semelhança de Deus" (2005, p. 161). A semente da semelhança foi implantada na alma humana por Deus a fim de que ela pudesse experimentar a unidade universal. Tudo se direciona ao Uno e não à pluralidade, pois, em termos matemáticos, "o seis não é duas vezes três, mas seis vezes um" (p. 162).

O problema de Deus

Eckhart parte do entendimento de que Deus é Uno: vontade, inteligência e amor. Na via de Santo Anselmo, pergunta se há inteligência nas coisas. Se a resposta for não, podemos dizer que, apesar de ordenadas e determinadas a um fim, as coisas não são Deus. Se a resposta for sim, perguntamos sobre os graus de inteligência e se há algo maior. Nos dois casos podemos afirmar a existência de um Ser perfeito em inteligência, do qual a multiplicidade dos seres é apenas imagem. Semelhança, para ele, não é identidade, mas unidade, por isso não é de acordo que o ser humano se torne Deus, mas que eleve a imagem ao grau de Unidade com ele, de tal forma a tornar-se um com Deus (p. 163).

A criatura, para ele, manifesta o quanto há de Deus na submissão ao intelecto; ali há a possibilidade de passar da imagem à semelhança. Ao utilizar o conceito ato-potência, próprio da filosofia aristotélica, Mestre Eckhart diferencia criatura e Criador. Se a primeira se submete ao determinismo do movimento, deixando de ser o que é, movimento próprio da potência, o segundo permanece tal qual é, por isso é Uno, imutável, infinito, como o ato puro. Enquanto a criatura tem como fim atualizar a potência, assim como a árvore atualiza a potência da semente, o Criador é puro ato, pois não está submetido ao devir ou às mudanças. Ele "é o mesmo eternamente", como reza o Sl 102(101),13. Para Eckhart, o destino dos seres criados é atualizar a unidade implícita na multiplicidade das coisas, como observa (p. 164):

> Ato e potência são divisões da universalidade do ser criado. Tal ser é ao mesmo tempo ato inicial e primeira divisão. No Intelecto, porém, em Deus, não há divisão, por isso *A Palavra* exorta a

pessoa a deixar este mundo, a deixar-se a si mesma, a esquecer a sua casa e a casa da sua família, a deixar a sua terra e a sua parentela, a fim de fazer-se um grande povo, a fim de que todos os povos sejam nele abençoados (cf. Gn 12,1-3).

Essa ideia aparece no Sermão 24, onde nosso mestre observa que em Deus não há transformação. Se as coisas necessitam "sair de si" para se encontrar, Deus permanece "em si", pois ele se encontra nele mesmo. Fora de Deus "nada há senão o Nada"(p. 166).

Felix A. Pastor (1989, p. 24) observa que o pensamento de Eckhart se situa na crise escolástica do aristotelismo cristão. Relembra que a escola dominicana havia elaborado uma via teológica que se opunha ao método platônico-cristão e tal via, a qual chamamos de "catafática", tinha seu ponto de partida na diversidade das coisas e, por analogia, podia conceber a existência do Uno perfeito, eterno e imutável.

> Tal experiência dedutivo-cosmológica se expressa na teoria tomista das cinco vias: do movimento ao primeiro motor imóvel; das causas causadas à primeira causa incausada; do ser contingente ao ser necessário que não pode não ser; da ordem gradual da perfeição na realidade cósmica ao sumo e perfeitíssimo ser; da ordem do universo ao Ordenador do mundo, sempre supondo a impossibilidade de uma série infinita de causas secundárias, se se carecesse do último fundamento incausado e necessário.

A mística especulativa platônico-cristã a partir do século V estabelece de forma didática as diferentes vias de conhecimentos: *catafática* e *apofática*: a primeira é afirmativa e a segunda, negativa – encontra-se nos místicos dos séculos XIII-XV o seu ápice, principalmente na tendência neoplatônico-dionisiana, cujos mestres foram Hugo e Ricardo da Abadia de São Vitor, em Paris.

Eckhart, influenciado por esses mestres, se opunha às analogias da via catafática. Para ele, as comparações atribuem ao criador sentimentos e pensamentos próprios de uma criatura, facilitando a redução do divino ao puramente humano. A ideia de Uno, conceito que vem de Plotino, é mais precisa, na medida em que nada se pode acrescentar a essa noção. Nesse sentido, é melhor dizer que Deus é Uno absoluto do que atribuir a ele o entendimento que temos de predicados como: Bom, Verdade etc.: "*Um* é algo de mais puro que a Bondade e a Verdade. [...] Deus é bom, isso acrescenta algo (a Deus). O um (ao contrário) é um negar do negar e um denegar do denegar. O que significa 'Um'? Um significa aquilo a que nada se acrescentou"(p. 167). Entendemos com isso que a ideia de Eckhart sobre Deus é simples: o Uno é a "negação" de tudo o que venha a negá-lo. O caminho místico, para ele, se faz pela negação do relativo, como bem escreve (p. 167): "[...] no ato, pois, em que denego algo a Deus eu apreendo algo que ele *não* é; e isso mesmo deve ficar de fora. Deus é *Um*, ele é um negar do negar". Deus nega toda tentativa das criaturas de reduzi-lo ao múltiplo.

No Sermão 86, Eckhart adota a via negativa ao observar que na via do conhecimento de Deus o mundo apresenta ilusões e aparências como se fosse a Verdade, porém isso deve ser negado a fim de deixar revelar a Verdade em sua dimensão puramente espiritual. Mas essa via é possível? Para nosso mestre, sim. Ele concebe uma psicologia desprovida de verdades colhidas pelos sentidos de tal forma a afirmar que, em sua natureza, a alma é livre de qualquer mediação ou imagens fabricadas a partir das coisas criadas. É no fundo dessa alma que Deus age de forma direta, motivando-a na busca e no encontro da Unicidade. Nenhuma criatura pode agir como o Criador, pois, como observa Eckhart, ao evocar o Pseudo-Dionísio, "Deus não possui imagem ou semelhança de si mesmo. Deus é essencialmente toda a bondade, toda a verdade e todo o ser. Deus opera todas as suas obras em si mesmo e a partir de si mesmo num mesmo instante" (p. 185). A alma deve voltar ao seu estado natural, isto é, deve esvaziar-se a fim de que Deus possa agir e gerar ali, de forma direta, Jesus Cristo. No Sermão 40, confirma isso ao pregar:

> Dizer que o Filho nasceu do Pai significa que o Pai, em forma paterna, revela seu Mistério a ele. Por isso: quanto mais e com maior claridade o homem põe a descoberto a imagem de Deus, com tanto mais claridade Deus nasce nele. O nascer de Deus se entende assim: o Pai põe a descoberto a Imagem e brilha no homem.

O problema do ser humano

Em Eckhart (p. 95), toda noção de ser humano se limita à condição de criatura e se relaciona a uma outra: o Criador. Não podemos, segundo ele, pensar a natureza humana sem considerá-la em relação à divindade. Para isso faz uma exegese da palavra latina *humus*, que quer dizer terra, de onde sai o homem na condição de *humilde*. Para ele, é preciso não esquecer "a humildade perfeita e propriamente dita". É nessa condição que a pessoa pode transcender a si mesma, isto é, sair de si mesma: "Transcende a natureza, o tempo e tudo o que diz respeito ao tempo ou sabe a tempo; e o mesmo se diga do espaço e da corporeidade". Assim, o humilde se sujeita e obedece ao totalmente Outro; é o "nada" que diante do "Tudo" não compartilha do puro Nada, eis aí sua nobreza. O "nobre" transcende a si mesmo ao contemplar a Deus e negar a si. Eckhart atribui o adjetivo "nobre" ao homem interior. Para ele, existem na natureza humana dois tipos de homens: interior e exterior. Um, vazio de si e cheio de Deus; outro, cheio de si e vazio de Deus. Se o primeiro, à luz do Evangelho de Lucas (19,12), é "novo", celeste, nobre, o outro é velho, preso às coisas, se confunde com elas e com suas imagens (p. 90).

Para nosso autor, interior e exterior são características que acompanham a pessoa desde a origem do mundo. Característica angelical e demoníaca: se uma motiva à virtude, é boa e conduz ao Uno, Imutável e Eterno, a outra instiga o vício e se inclina para a multiplicidade e a transitoriedade da vida. O pecado, segundo ele, se deu no conflito dessas realidades. Deus plantou em Adão "a semente de natureza divina" (cf. 2Pd 1,4), cujos frutos seriam colhidos na perfeita obediência do Filho, Jesus Cristo. Por outro lado, Adão se deixou levar pelo homem exterior e demoníaco, envolvendo-se numa corrente de inimizade, semeando o joio, e como uma árvore seca não produziu mais frutos (p. 91).

É no encontro da condição humana com o plenamente Absoluto que, não obstante, é vivenciado o entendimento da existência ou a experiência mística. Ao analisar a caminhada mística, Lima Vaz (p. 17) observa que tal experiência está na esfera do sagrado e se caracteriza pela "quase-identificação" do sujeito ao objeto, o *tremendum*. Para ele, é um estádio psicológico cuja dinâmica envolve a intenção *experiencial* do *místico* em relação ao *mistério*.

É nesse entendimento que podemos analisar o pensamento de Eckhart em relação ao desprendimento e o caminho místico.

O desprendimento espiritual

O que é experiência mística e como entender sua relação com a filosofia? É importante que não haja preconceito em relação à palavra mística ou à experiência que advém daí. Lima Vaz (p. 69) nos esclarece bem do que se trata de forma a nos ajudar a compreender o pensamento do nosso autor:

> Ao falarmos da experiência mística na sua especificidade cristã, convém, pois, ter presente a significação das expressões clássicas *vida contemplativa* e *contemplação* e, por outro lado, ao usar o termo "mística" como substantivo, evitar atribuir-lhe a significação de estados psicológicos paranormais ou de formas extraordinárias de conhecimento que possam ocorrer à margem do dinamismo normal da vida cristã.

Mestre Eckhart é filósofo e místico, por isso não é difícil compreender o raciocínio que sustenta sua posição sobre a experiência da alma. Lima Vaz (p. 29) observa que a experiência mística pode ser tomada por diversas formas, principalmente no que diz respeito às visões ocidentais: especulativa, mistérica e profética. O pensamento de Eckhart se encaixa nas três, porém, de forma mais contundente, na primeira visão: especulativa. Mas o que é mística especulativa? Lima Vaz (p. 30) explica:

> A mística especulativa é, portanto, o esforço mais audaz – na mística natural – e o apelo mais radical – na mística sobrenatural – para que o espírito humano, seguindo o roteiro do *Logos*, penetre no domínio do *translógico*. Ela floresce, assim, historicamente, nas proximidades dos grandes surtos do pensamento metafísico que marcaram a história da filosofia de Parmênides a Hegel. Neste sentido, pode-se dizer que, em sua versão ocidental, a mística especulativa é originariamente grega, não obstante o vigoroso crescimento que conheceu em terras cristãs.

No entendimento de Lima Vaz, tal mística se sustenta sobre dois eixos: o subjetivo e o objetivo. Se no primeiro o conhecimento humano se eleva espiritualmente até o encontro com Deus, "por uma forma de conhecimento suprarracional, do qual se origina o êxtase do amor", no segundo há uma certeza do Absoluto a que o ser humano pode atingir, por sua capacidade de conhecer e amar. É nessa dinâmica que encaixamos a psicologia mística de Eckhart, observando que a alma, para ele, tem dois momentos: "em si" e "fora de si". No primeiro momento, mais subjetivo, procura se esvaziar a fim de deixar o Absoluto entrar e, no segundo momento, na saída de si, procura o Absoluto na certeza de descansar nele. Eis o que Mestre Eckhart chama de ascensão da alma.

A ascensão da alma: da pluralidade das coisas à unidade do Ser

A mística de Eckhart se volta para o homem interior, mas propõe que a alma ascenda por degraus, no sentido próprio do que entendia Agostinho, pois Deus é, a um só tempo, intimidade e superioridade. Também Teresa de Jesus, em seu *Castelo interior*, explicou o caminho que a alma devia fazer a fim de chegar a Deus. É no interior que encontramos o superior. Tanto para Teresa quanto para Mestre Eckhart não é fácil chegar no interior-superior. A alma precisa passar por estágios, esvaziando-se de suas imagens a fim de encontrar o Modelo e Senhor de toda imagem. Vejamos em que consistem os estágios ou os seis degraus da subida:

- Primeiro degrau: a alma se orienta pelos testemunhos e exemplos de pessoas espirituais.

- Segundo degrau: a alma se interessa pelo Senhor dos exemplos: o Uno, o verdadeiro Bom, Deus Pai.
- Terceiro degrau: a alma enfrenta os obstáculos que a impedem de viver uma vida espiritual.
- Quarto degrau: a alma escolhe amar a Deus, mesmo que isso lhe custe a renúncia do eu.
- Quinto degrau: a alma descansa ao experimentar uma "suprema e inefável sabedoria".
- Sexto degrau: a alma se abandona e esquece de sua própria imagem. Eis o mergulho na eternidade de que fala Eckhart (p. 93): "Degrau ulterior ou mais elevado não há. E ali reinam a paz e a bem-aventurança eternas, pois o fim último do homem interior e do homem novo é: a vida eterna".

Podemos encontrar, na ideia de ascensão da alma, uma abertura relacional. Aquilo que Lima Vaz (p. 24-25) chama de "níveis relacionais de abertura", em que o movimento "para si, para-o-outro" requer um lugar na experiência humana: "É no curso desse movimento ou desse duplo movimento – *para si, para-o-outro* – que a experiência mística tem propriamente seu *lugar antropológico*".

Também em Eckhart (p. 175-176), a abertura relacional se estende em diversos níveis: subjetividade, em que a alma mergulha em si com o intuito de se conhecer e esvaziar de todas as imagens e ilusões construídas por si mesma; objetividade, momento em que a alma se volta ao outro do mundo e vê ali a imagem do absoluto, o sagrado no mundo; transcendência: fora de si, isto é, esvaziada completamente de si, ela comunga do absoluto, na presença de Deus Pai, contempla a Luz do Verbo e experimenta o abraço amoroso do Espírito Santo. Sob esse prisma, a experiência mística, segundo Eckhart, se dá de forma dramática, porém há uma certa felicidade, não passageira, mas ascendente. Nesse sentido, analisamos o pensamento de Eckhart como um drama existencial da alma; sua ascensão se dá em três atos: a busca, a transcendência e o encontro.

A alma que busca

Eis o primeiro drama da alma: a busca. A ideia de que Deus gera na alma sua imagem, que pode ser descoberta, é, para Eckhart, o fundamento de toda teologia cristã. A semelhança a Deus se dá à medida que a pessoa vai descobrindo a imagem até então escondida, e quanto mais ela se mostra, mais se torna semelhante ao Criador (2005, p. 36).

Para o místico dominicano, o empenho da alma não é uma ação autônoma, mas pela graça ela pode transcender a si mesma. Por ela mesma não há transcendência. As faculdades da alma, vontade e razão, podem galgar o topo, porém é o próprio Deus que as insinua; duas vontades: se uma se volta para o alto, outra o faz para baixo. Mesmo que se desvie, não pode perder de vista o objetivo: a unidade. A razão, da mesma forma, pode ser conduzida pela graça à união com o divino, porém é sempre Deus que a insinua (p. 168).

Ao entrar em contato com o testemunho de Cristo e arrependida dos pecados, a alma dá o passo. A razão compreende a lógica de Cristo: o amor, "em si", abundante e absoluto. Ao dar a sua vida por amor, Nosso Senhor concretiza a essência do amor; quem tem essa certeza é capaz de crescer mais e mais, renunciando aos próprios sentimentos e emoções (p. 113). A razão compreende a lógica do cristão: amor, "fora de si", operação da alma em direção a Deus e ao mundo. Para nosso autor, o amor faz parte do rol de virtudes juntamente com a vontade e a razão. A hierarquia é essa: vontade, intelecto e amor. A alma quer, pensa e ama o Uno, pois "tudo o que é número depende do um e o um não depende de nada" (p. 168). Assim, as virtudes são fundamentais no processo de desprendimento e ascensão da alma rumo a Deus. Nesse sentido, é importante entendermos o que Mestre Eckhart pensa de cada virtude e por conta de que concebe uma hierarquia entre elas.

Assim como concebemos o homem interior e exterior, angelical e demoníaco, também encontramos duas faces na faculdade da vontade. Para Eckhart, os adjetivos aplicados a essa realidade são vontade casual e vontade decisiva. Se a primeira se volta para as criaturas, a segunda o faz para o Criador (p. 136). Também pensamento e amor entram nessa reflexão em comparação com a vontade.

A vontade casual é exposta aos perigos do ego; é a vontade secundária ou aquela que, apesar de querer unir-se a Deus e separar-se das coisas, não consegue o essencial: abandonar-se totalmente. Agarrada a si mesma e às criaturas, não aprendeu a arte da renúncia e do desprendimento, por isso ainda vive na tempestade e na falta de paz. Mesmo que a pessoa ore a Deus: "Senhor, faça-se a tua vontade!", ela não suporta o que vem da parte de Deus que não favoreça a si. Nesse sentido, o sofrimento e a dor, mesmo que venham de Deus para a purificação da alma, não são suportáveis, pelo contrário, são motivo de queixa e desconfiança do amor de Deus (p. 80).

A vontade decisiva, na sua liberdade, escolhe despojar-se das coisas e do mundo a fim de concordar com a vontade divina. Nessa ideia, observa Eckhart que a retidão da vontade não está nos interesses do eu, pelo contrário, está no despojar-se de si mesmo e se modelar segundo a vontade divina (p. 112). Ao analisar a vontade como um tema importante para a mística, Thomas Merton (2004, p. 9) há de concordar com Eckhart ao observar que a vontade dos primeiros eremitas do deserto era de não ter vontade, isto é, "simplesmente a sanidade e o equilíbrio de um ser que não necessitava mais olhar para si mesmo, pois era levado pela perfeição da liberdade que possuía". Tal reflexão se encontra em Eckhart (p. 61), quando diz que a vontade desprendida e total "quer tudo o que Deus quer e assim como Deus o quer". Como atitude antropológica, a ação de querer é, segundo nosso mestre, superior à arte de pensar e de amar, pois o pensamento e o amor dependem da decisão livre da vontade.

Pensamento. É uma atitude sublime, mas, como o amor, também se submete à vontade. Para a fé, a vontade é mais necessária do que o pensar, pois nela Deus imprime os seus planos. Em seu Sermão 24, Eckhart evoca o evangelista Lucas a fim de explicar o objetivo da vontade e da razão: "Amigo, vem para um lugar melhor! Será uma honra para ti, à vista de todos os convidados" (Lc 14,10). Observa que é pela pureza da vontade que surge a pureza do conhecimento e, por mais pura que seja, ela deve subir mais [para um lugar melhor], até chegar à semelhança da vontade divina: "querer o que Deus quer".

Mas para que a vontade seja decisiva ela não pode perder o foco ou se desviar por falta de atenção em relação ao seu objetivo. A vigília é, para nosso autor, fundamental, eis a contribuição da razão: defender, com argumentos sólidos, o que é da área da fé: "as coisas invisíveis". A vigília é uma atitude do pensamento. Os monges do deserto cultivavam essa prática, por isso a experiência mística não era algo relativo, mas constante. Thomas Merton (p. 8), ao mencioná-los, observa que a "vigília" que tinham sobre a vontade era constante, pois, ao mesmo tempo que não podiam se "arriscar ao apego do ego, ou aos perigos do êxtase da vontade própria", tinham de se abandonar a uma outra realidade interior "de um eu transcendente, misterioso, não totalmente conhecido", que se entrega a uma outra vontade, plenamente decisiva: Cristo.

Amor. É uma atitude sublime, uma decisão livre da vontade, por isso lhe é submissa. Não é um ato passional ou sensualista; serve tanto para o ser humano quanto para Deus. Para Eckhart, há duas propriedades no amor: essência e manifestação. No primeiro sentido, ele é "em si"; no segundo, "fora de si". Se no primeiro é o amor em sua essência, no segundo é expressão, comunicação e aparência.

No século IV, os Padres do Deserto também consideravam o amor nessa dupla característica. Para eles, o altruísmo é a comunicação ou expressão aparente do amor "em si". Merton (p. 19) resume esse pensamento observando que amar era, para as primeiras comunidades cristãs, considerar o semelhante como o outro eu:

> O amor, com certeza, significa muito mais do que um simples sentimento, muito mais que favores ínfimos ou doadores de esmolas rotineiros. Amor significa uma identificação interior e espiritual com o irmão para que ele não se torne um "objeto" ao "qual" se "faz um bem". O fato é que o bem feito ao outro na forma de objeto tem pouco ou nenhum valor espiritual. O amor faz com que o indivíduo considere o vizinho como seu outro eu

e o ame com humildade, discrição, reserva e reverência imensas e plenas, sem as quais ninguém pode se aventurar a ingressar no santuário da subjetividade do outro.

Essa ideia está presente no pensamento de Eckhart, porém o amor é dependente da vontade, por isso, quanto mais vontade, mais amor. Amar o outro depende da vontade de amar o outro: "quem tem mais vontade tem também mais amor". O amor "fora de si" é a manifestação e operação do amor "em si". Para Mestre Eckhart, muitas vezes as manifestações de amor são confundidas com uma alegria passageira, visível, que não significa o melhor, pois não provém do interior, mas dos sentidos, manifesta-se como bem-estar e pode ser uma "influência da atmosfera" (p. 113).

Vontade, razão e amor. Há uma hierarquia no âmbito antropológico, porém no sentido da experiência mística e no âmbito espiritual formam uma totalidade. Em Deus não há multiplicidade e sim Unidade. Mas devemos considerar, na esteira do mestre, para fins de reflexão, a diversidade e a identidade dos três conceitos, sabendo que eles se direcionam ao Uno: assim como na Santíssima Trindade, a diversidade só tem razão de ser na unidade. Para o dominicano, a ascensão da alma depende desse primeiro passo, que é imagem da operação trina: "Tudo o que Deus conhece e tudo o que ama e quer ele o conhece, ama e quer em si mesmo, em sua própria *vontade*. Quem o diz é o próprio Senhor: 'A vida eterna consiste em se conhecer a Deus somente'" (p. 60).

O modelo é Cristo e Mestre Eckhart está de acordo com isso, pois nele reside a essência do ser humano interior e angelical. Nele a vontade de Deus, antes latente, se torna manifesta e o ser humano pode "agora" gozar dessa graça, morrendo para si e se revestindo da "couraça da justiça": Deus. Na linha paulina, nosso autor argumenta que, no primeiro passo, a alma se desespera, por não estar em posse da Verdade e por ter consciência do pecado; "por não possuir o Um é que a alma jamais encontra repouso até que tudo se faça um em Deus"(p. 169). Mas no processo de conformidade à vontade de Deus a alma aceita a existência do pecado, entendendo que é também um caminho utilizado por Deus a fim de que a pessoa, na sua humilhação, possa experimentar o seu amor: "Deves confiar plenamente em Deus porque ele não teria deixado acontecer isto se não com a intenção de tirar daí um bem maior para ti" (p. 117-118). No entanto, o mesmo Deus que deixa acontecer o pecado quer o arrependimento, pois é aí que o amor deve ser fortalecido, como bem observa Eckhart (p. 119):

> O arrependimento divino é totalmente diverso. Logo que o homem sente um desagrado, imediatamente se eleva a uma grande confiança em Deus e adquire uma grande segurança. Nasce daí uma alegria espiritual que tira a alma de toda aflição e miséria e firmemente a vincula a Deus. Pois, quanto mais frágil o homem se souber e quanto mais tiver pecado, tanto mais razão tem ele para, com amor indiviso, vincular-se a Deus, em quem não há pecado e fragilidade. O melhor plano, pois, em que nos podemos colocar, se queremos devotamente aproximar-nos de Deus, será o de nos deixarmos livrar do pecado pela força do arrependimento divino.

O exercício do arrependimento é fundamental para que o ser humano perceba a ação do pecado em que caiu e a misericórdia abundante de Deus que se sobrepõe a todo engano. Para exercitar o arrependimento, é necessário que a alma se disponha a recolher-se e negar tudo o que a dispersa em relação ao verdadeiro objetivo: Deus. Sobre essas duas atitudes da alma observa Eckhart (p. 133):

> [...] uma, que o homem se tenha recolhido interiormente para que o espírito esteja a salvo das imagens de fora, para que fora dele fiquem e não caminhem presunçosamente com ele, ou não encontrem nele repouso. A outra é que o homem não divague nem se distraia, nem se dê tampouco nas suas imagens interiores, sejam apresentações ou elevações do espírito ou imagens externas ou qualquer coisa dessas, que estejam no momento presentes. Deve o homem habituar a isto todas as suas forças. Para tanto treine-as e mantenha assim o controle do seu interior.

Nessa ideia, a vontade humana deve renunciar a si mesma. Pensamento compartilhado por um outro monge contemporâneo, Jean-Ives Leloup (2001, p. 48), ao concordar que uma das coisas que deve ser eliminada na própria vontade é o seu orgulho, pois ele é "o começo da ilusão" e sua ausência, "o começo da verdade". Mestre Eckhart não fala de orgulho, mas de "apego", e observa que a alma não consegue se recolher e negar tudo o que distrai na relação com Deus se não consegue transpor o maior e mais temível dos obstáculos: o apego da própria vontade: "Nada faz mais verdadeiro o homem do que a renúncia da própria vontade. Sem esta renúncia em todas as coisas, não fazemos nada diante de Deus" (2005, p. 40). O crescimento na virtude se dá no enfrentamento das paixões e dos vícios que seduzem e levam ao apego, daí o conselho de nosso mestre: "Portanto, se queres receber dignamente ao teu Deus, cuida que as forças superiores do teu ser se orientem para Deus, que a tua vontade procure a do Senhor; cuida daquilo que nele almejes e da maneira como a tua fidelidade com ele se firma" (p. 131).

Entendemos que é na vontade que a alma começa a engatinhar rumo ao objetivo final. Para Eckhart, assim como a vontade, ao voltar-se para as coisas materiais, é capaz de possuir o que ela quer, no que diz respeito às coisas espirituais também a vontade deve querer "ter tanto amor quanto todos os homens já adquiriram" e, se "quiser louvar da mesma maneira a Deus", então conseguirá realmente tudo (p. 112). Em outras palavras, evocando Jean-Yves Leloup (1999, p. 104), podemos dizer que, "quando o homem está completamente aberto, sem criar obstáculos à vida através de suas memórias e seus medos, a vida pode se encarnar nele".

A alma que transcende

Para Mestre Eckhart, a alma apreende tudo de fora e todo o seu conhecimento não passa de informações que lhe chegam do exterior, por isso "nada é mais desconhecido para a alma do que ela mesma. Neste sentido, um mestre diz que a alma não pode haurir nem retirar nenhuma imagem de si mesma" (p. 182). Essa ideia já soava na filosofia de Sócrates, cujo objetivo era levar o ser humano ao conhecimento de si mesmo. Também os Padres do Deserto se preocuparam com isso ao firmarem a ideia de uma vida construída no silêncio e na contemplação da verdade. Para eles, o verdadeiro "eu" não se dá a conhecer a não ser em Cristo. Acerca dessa realidade, comenta Thomas Merton (2004, p. 6): "O que os Padres queriam acima de tudo era encontrar a si mesmos em Cristo. E para isso tinham de rejeitar completamente o "falso eu", formal, fabricado sob a coerção social no 'mundo'". Na orientação do deserto, Eckhart diz que a alma, ao se dirigir, com todas as suas forças, ao Uno, esquece as imagens construídas pela realidade dos sentidos: "Se conseguires tornar-te inteiramente vazio do saber de todas as coisas, poderás também perder o sabor de teu próprio corpo, tal como aconteceu com São Paulo, quando falou: 'se foi corpo ou fora do corpo, não sei, Deus é que sabe' (2Cor 12,2)".

No segundo ato do drama, Eckhart nos mostra uma alma que passa pela penitência, pela renúncia de si mesmo e pela obediência incondicional à lei divina. Jean-Yves Leloup (1999, p. 43), ao refletir sobre a morte do "ego", retoma, de certa forma, a mística de Eckhart ao dizer que, "para morrermos ao Eu é preciso que tenhamos um Eu. Muitos se dizem além do ego, quando não estão senão do lado dele. Donde a importância, antes de entrar num caminho místico, de ter um Eu bem estruturado". Há um Eu maior que nós a quem devemos nos abrir e "tornamo-nos capazes de perdoar o imperdoável" (1999, p. 83).

A ideia de Leloup aparece em Eckhart. Para ele, a abertura ao Eu exige a penitência, uma forma de esvaziar-se e de transpor os obstáculos das imagens construídas. Essa certeza vem da tradição monástica do deserto. Santo Antão entendia que a verdadeira penitência estava em esvaziar-se do temor a Deus e de todas as ofensas. Ao instruir o Abade Amonas, Antão o levou para fora da cela e, pondo-se diante de uma pedra, disse: "Vá até lá e insulte aquela pedra, bata nela sem parar". Depois disso, Antão perguntou ao discípulo se a pedra havia respondido; diante da resposta "Não!", Antão observou, como escreve Merton (p. 68-69): "Você também deve chegar a ponto de não se sentir ofendido por nada". Esse modelo de penitência é simpático a Eckhart, que tem em Jesus Cristo o modelo de penitente. Eckhart propõe que a alma descanse nele, pois o sofrimento e a dor só têm sentido no sofrimento e na dor de Cristo (p. 122).

A cristologia de Eckhart aponta para a transcendência da alma. Nele há consolo e abrigo. Não só a penitência, mas também o pecado e o arrependimento têm um sentido de eternidade, pois, se o pecado estraga tudo o que existe, Cristo redime: "Redentor Universal de todo o estrago que há em ti, por dentro e por fora" (2005, p. 123), e também resgata: "Pai, diz o Filho, eu quero que aquele que me segue, que vem a mim, esteja ali onde eu estou" (cf. Jo 12,16).

Nas *Conversações espirituais*, Mestre Eckhart observa que a certeza do perdão ajuda a alma a se libertar das prisões e das imagens do eu: "[...] não se perturba com nada nem está preso a nada, nem condicionou sua felicidade a uma situação dada, nem se preocupa consigo mesmo" (2005, p. 99), eis o que Eckhart entende por espiritualidade e que levou Jean-Yves Leloup a chamá-lo de "hermeneuta da espiritualidade" e comentar sua posição: "Quer dizer que é preciso entrar num estado de silêncio, num estado de vacuidade, de total receptividade, para que o *Logos* possa ser gerado em nós" (1999, p. 161). Silêncio, vacuidade e receptividade são estados de uma alma que, diante da Palavra, do absoluto, procura se conformar à eternidade, onde "nenhum bem lhe faz falta" (2005, p. 100), ou, como dizem João da Cruz e Teresa de Ávila: "Só Deus basta".

Para o mestre, negar a si mesmo é um ato de renúncia, mas ao mesmo tempo, numa perspectiva espiritual, é aceitação e obediência ao Outro, por isso propõe que a oração não se limite a pedir: "'Senhor, dá-me esta virtude ou esta maneira de agir', nem: 'dá-me, Senhor, a ti mesmo ou a vida eterna'". Para ele, o que devemos dizer a Deus é o seguinte: "Senhor, não me dês nada, senão aquilo que tu queres; faze, Senhor, em cada momento, o que tu queres e como tu queres". Esta é, segundo ele, a melhor maneira de desobedecer ao eu e obedecer a Deus (2005, p. 101).

O pecado de Adão, segundo nosso autor, é a desobediência não a si e às imagens que criara, mas a Deus; por isso comprometeu a imagem do Criador nele. Obedecer a Deus é viver nele, como bem observa: "Deus brilha nele por todo o tempo. Nele se opera uma conversão libertadora e a marca de seu Deus amado e presente se imprime nele" (2005, p. 107).

A mística de Eckhart é simples. Talvez possamos concordá-la com a simplicidade mística dos monges antigos. Certa vez, inquirido por um soldado sobre o perdão de Deus, um monge respondeu: "Diga-me, meu caro: se seu manto estiver rasgado, você o jogará fora?". O soldado respondeu: "Não, vou consertá-lo e vesti-lo novamente". O ancião, voltando-se a ele, disse: "Se você cuida de seu manto, por que Deus não teria piedade de sua própria imagem?".

Na trilha da espiritualidade do deserto, o mestre observa que a alma pode assumir duas posturas: elevar-se até a eternidade ou voltar-se para as criaturas. No primeiro caso, "a imagem de Deus irrompe à luz"; no segundo, "a imagem de Deus fica totalmente encoberta" (2005, p. 94), e como bem dizia um eremita, comentado por Thomas Merton (2004, p. 56), "Assim como é impossível que um homem veja sua face em águas agitadas, a alma, a menos que purificada de pensamentos exteriores, não consegue orar a Deus em contemplação".

A alma que encontra Deus

O último ato do drama. A alma em total desapego chega ao seu destino: a contemplação. Livre das imagens terrenas, a alma virtuosa experimenta a união mística através de Cristo e tal encontro se dá porque ela, livre, escolheu um caminho de virtudes que se expressa na pobreza e nas boas obras.

A virtude, para Mestre Eckhart, pertence ao homem interior, é a "entrega da própria vontade a Deus". Já tivemos a oportunidade de refletir sobre a vontade humana e a vontade divina. Mas neste terceiro ato falamos da vontade que se entrega totalmente. Há três espécies de vontade: sensitiva, racional e eterna. Se as duas primeiras são humanas, a terceira é divina: a primeira quer apreender a verdade em sua totalidade; a segunda quer caminhar nas obras de Cristo e ser orientada, de modo uniforme, por "palavras, atos e métodos", ao que há de mais sublime. O empenho das duas primeiras leva à terceira. Deus pronuncia no fundo da alma "a vontade eterna" ou o "Verbo eterno" na unidade do Espírito Santo (2005, p. 177). Para Eckhart, o empenho da vontade em relação à eternidade leva às virtudes de sacrifício e renúncia, como nos mostrou o próprio Deus encarnado. As palavras de um antigo abade podem ajudar a compreender melhor a reflexão de Eckhart: "Desde o momento em que Deus se fez humano e o ser humano se fez Deus, ele começou a trabalhar pela nossa salvação até o dia em que morreu na cruz. Não havia no seu corpo um membro sequer que não tivesse praticado especiais virtudes". Nesse ato entendemos que a alma se sacrifica e renuncia, mas experimenta a paz. Ao negar a riqueza, as obras inúteis e tudo o que se prende às criaturas, a alma se encontra já no caminho do gozo, da paz e da unidade.

A Pobreza. É na pobreza absoluta que a alma se encontra com Deus, nada quer, nada sabe e nada possui.

Em seu Sermão 52, Eckhart apresenta a pobreza como desprendimento, no mesmo molde da dialética exterior e interior. Mas o que é um homem pobre? O que Jesus quer dizer com a frase: "Felizes os pobres no espírito"? Para Eckhart, "um homem pobre é aquele que nada *quer*, que nada *sabe* e que nada *tem*".

Nada *quer*. O homem "exterior" não se encaixa aqui, pois, para Eckhart, ele vive pela aparência externa. Pode até se vestir em trapos e ser chamado de santo, mas se não conhece a verdade de Deus não é pobre e nada sabe sobre a pobreza, pois "possui uma vontade com a qual quer satisfazer a Vontade de Deus". A verdadeira pobreza, segundo ele, consiste em esvaziar-se dos *propósitos* de fazer a "vontade".

Nada *sabe*. O homem "exterior" também não se encaixa aqui, pois vive preocupado com o saber de sua existência. Ao contrário, o homem "interior" vive de tal forma que "nem sequer *saiba* que vive a si mesmo, nem a Verdade, nem Deus". A verdadeira pobreza exige esvaziar-se do saber ou do nada, pois, quanto mais o ser humano sabe que sabe, menos se esvazia do seu próprio saber.

Nada *tem*. O homem "exterior" está fora, pois não se encontra no vazio das coisas, das criaturas, de si mesmo, tampouco de Deus: "[...] disso, dizemos: enquanto ainda houver no ser humano este lugar para Deus, ele não será pobre na mais autêntica pobreza". Assim, "o homem deve apresentar-se tão pobre, que ele não seja, nem tenha lugar algum onde Deus possa agir" (2005, p. 194).

Nada *querer*, nada *saber* e nada *ter* são características do homem pobre, "interior". Para Eckhart, a pobreza não pertence à vontade de fazer a "Vontade", saber do saber e ter de possuir, pois, por mais que tenha um lugar para Deus, esse lugar estará preenchido com uma ambição própria: "Se um homem deixou um reino ou mesmo todas as coisas e se não tiver deixado a si mesmo, não terá, na verdade, deixado nada" (2005, p. 40).

As boas obras. Quem encontrou a Deus santificou as obras. Em seu Sermão 57, Eckhart, ao falar das obras, deixa claro que elas podem corromper na medida em que pensamos muito mais no "fazer" do que no "ser". As obras serão boas e justas se aquele que as praticou é bom e justo, pois não são as obras que nos santificam, mas "nós é que santificamos as obras" (2005, p. 41). O que salva mais: a contemplação ou a ação? Para Mestre Eckhart, o coração daquele que está em arrebatamento místico pode estar "fazendo" alguma coisa para a salvação de si mesmo, mas aquele que age pode estar colocando todo o seu "ser" na santificação dos outros: "Se alguém está como esteve Paulo em arrebatamento místico e sabe que algum doente deseja um prato de sopa, é melhor deixar o arrebatamento e ir atender o enfermo necessitado", pois "na contemplação você serve a você mesmo, nas boas obras serve a muita gente".

Segundo o filósofo de Colônia, as obras, assim como aquele que as pratica, podem ser analisadas em sua dimensão interna e externa. No primeiro sentido, elas tendem ou se inclinam ao Bem, evitando tudo aquilo que é "dessemelhante à Bondade e a Deus". Em seu exterior, a obra pode ser maldosa e, quanto mais maldosa, mais dessemelhante e resistente a Deus: "A pessoa que procura paz em coisas exteriores, seja em lugares ou em situações diferentes, seja junto a outras pessoas, em obras, no estrangeiro, na pobreza ou mesmo na humilhação, enquanto procurarem desta forma e em tais realidades, nada encontram" (2005, p. 103).

Parece que Eckhart se inspirou na espiritualidade do deserto, pois o que pensa acerca das obras já ocupava, na Antiguidade, um lugar na mística, como podemos ler em Merton (2004, p. 66-67):

> Um irmão perguntou a um dos anciãos: "Há dois irmãos, um deles permanece em sua cela, jejuando durante seis dias seguidos e cumprindo penitência. O outro cuida de doentes. Qual dos dois satisfaz mais a Deus?". O ancião respondeu: "Se o irmão que jejua durante seis dias seguidos se pendurasse pelo nariz, nem mesmo assim se igualaria ao que cuida dos doentes".

Mas como reconhecer que Deus quer obras? Para Eckhart, em três momentos: consciência, união com Deus e a geração eterna do próprio Filho. A obra, quanto mais se orienta para o Bem, mais "grata e prazerosa" é, assemelhando-se a ele (p. 71). Nesse sentido, serve-nos como ilustração um relato do *Verba seniorum* (dito dos antigos), relatado por Merton, que lembra o dia da morte do Abade Pambo e suas últimas palavras àqueles que o rodeavam:

> Desde o momento em que vim para o deserto, construí uma cela para mim e passei a viver nela, não me lembro de ter comido um pão que não tivesse sido ganho com o trabalho de minhas mãos; tampouco me lembro de ter dito nada de que me arrependesse até este momento. E vou ao Senhor como alguém que nem mesmo começou a servi-lo.

O desprendimento. No desprendimento, segundo Eckhart, o ser humano pode dar um outro significado à sua relação com Deus. Vazio para si e para as coisas, predispõe-se à ação do Espírito Santo, que o conduzirá à plenitude divina. O que é desprendimento? Para Eckhart, não podemos confundi-lo com caridade, humildade e misericórdia, pois é muito mais que isso: é o nada do ser humano e o tudo de Deus.

O despojado está em Deus e Deus está, de tal forma, ali envolvido que qualquer um que o tocar é primeiramente em Deus que estará tocando, como escreve nosso mestre: "[...] ele está envolto em Deus e Deus envolto nele como este meu capuz envolve minha cabeça; quem quisesse me tocar, precisaria tocar primeiro meu hábito". Assim, nada chega a essa pessoa sem antes passar por Deus: "[...] seja a dor, ela passa antes por Deus de sorte que Deus sofre primeiro" (2005, p. 116). Despojar-se não é evitar que pensamentos inquietantes venham atormentar a nossa alma, mas é muito mais, é saber dizer não a eles. Essa certeza Eckhart busca não só no próprio Cristo, mas na sabedoria monástica. Há um dito dos antigos que ilustra bem a ideia de desprendimento, aceito e defendido por Eckhart:

> Um irmão veio ao encontro do Abade Pastor e disse: "Muitos pensamentos inquietantes vêm à minha mente, e eu estou em perigo por causa deles". Então, o ancião empurrou-o para fora da cela e disse: "Abra suas vestes em seu peito e agarre o vento com elas". Ele retorquiu: "Isto eu não posso fazer". E o mestre disse: "Se você não pode agarrar o vento, tampouco pode evitar que pensamentos inquietantes entrem em sua mente. Seu trabalho é dizer 'não' a eles".[5]

Para Eckhart, Cristo é o exemplo de desprendimento: não evitou as tentações, mas disse não a elas. Assim, em Cristo podemos conhecer a obra divina. Revestindo-se da forma de Cristo, a pessoa pode resplandecer as ações dele, pois, "quanto mais uma coisa se assemelha a outra, tanto

---

[5] Cf. T. Merton, 2004, p. 48.

mais tende para junto dela, e tanto mais veloz e prazeroso e deleitoso é seu curso" (2005, p. 67). A semelhança a Deus através de Cristo se dá pelo desprendimento que é também disponibilidade, virtude que capacita o ser humano a unir-se a Deus e tornar-se imagem semelhante a ele.

O desprendimento não é caridade, mas a fonte de onde ela brota. Se a caridade é uma atitude do ser humano para com Deus, o desprendimento ou o esvaziamento é a motivação do amor de Deus; quanto mais perto do Nada estiver a pessoa, mais livre para receber o Todo de Deus estará (2005, p. 148):

> Quanto a mim, mais que toda a caridade, louvo o desprendimento. E isso porque, em primeiro lugar, o que há de melhor na caridade é que ela me força a amar a Deus, ao passo que o desprendimento força a Deus a me amar. Ora, é preferível, de muito, forçar a Deus a vir a mim do que forçar-me a ir a Deus.

O desprendimento não é humildade, mas existe uma íntima relação entre as duas, como observa Eckhart (2005, p. 149):

> Eu, porém, louvo o desprendimento e a total disponibilidade sobre toda humildade; e isso porque pode haver humildade sem desprendimento, mas não pode haver desprendimento perfeito sem humildade perfeita, pois a humildade perfeita tende à anulação do próprio eu. Mas o desprendimento toca tão de perto o Nada que não há o que se interponha entre o desprendimento perfeito e o Nada. Eis por que não pode haver desprendimento perfeito sem humildade.

O desprendimento não é misericórdia. Se a segunda consiste na "saída de si" em favor do próximo que sofre e isso pode afligir o coração deixando-o pleno de sentimentos de compaixão, o primeiro, ao contrário, permanece em si mesmo, livre e vazio de imagens que possam afligi-lo: "Pois enquanto alguma coisa é capaz de afligir o ser humano, este não é tal como deveria ser. Em suma: considerando todas as virtudes, nenhuma deparo tão livre de vício e tão apta a unir a Deus quanto o desprendimento" (2005, p. 151). Só no "desprendimento inabalável" o homem pode ser conduzido da prisão das imagens à máxima semelhança com o Senhor:

> Assim sendo, se o homem deve assemelhar-se a Deus, isso se fará pelo desprendimento. Pois este conduz o homem à pureza, e da pureza à simplicidade, e da simplicidade à imutabilidade. Donde resulta uma semelhança entre Deus e o homem, mas tal semelhança deve nascer da graça, pois é a graça que desprende o homem de todas as coisas temporais e o purifica de todas as coisas passageiras. E sabe que estar vazio de toda criatura é estar cheio de Deus, e estar cheio de toda criatura é estar vazio de Deus.

Não há um objetivo preciso do desprendimento puro senão o puro nada e Deus. Ao encontrar o coração disposto para o máximo de possibilidade, age nele tornando-o mais elevado. Para Eckhart, Cristo é o desprendimento em pessoa; pediu a Deus que nos tornássemos um com ele. Nossa felicidade consiste em estar livre das imagens e das consolações ilusórias para que Deus possa penetrar na alma e dar a ela a verdadeira consolação: Cristo (2005, p. 65).

Para concluir este capítulo, podemos dizer que o movimento da escolástica, do qual participou Eckhart, chega ao auge com Tomás de Aquino, mas pouco a pouco foi perdendo a força de unidade, conquistada no início. A expressão dessa decadência se manifesta no pensamento de Guilherme de Ockham, no século XIV, ao repudiar o valor dos conceitos universais e a união entre fé e razão;

teologia e filosofia. Para Ockham, o conhecimento pela experiência é superior àquele advindo pelo intelecto, por isso sustenta que Deus só pode ser conhecido mediante a fé na revelação. A razão, para ele, não pode oferecer nenhuma sustentação à fé, pois é incapaz de tornar o dado da revelação mais transparente do que pode fazê-lo a fé. São funções diferentes.

Assim, o que se procurou na Idade Média foi uma maior aproximação entre filosofia e teologia; razão e fé. Na Idade Moderna, pouco depois, seria decretada a autonomia da razão em detrimento da autoridade da fé.

O século XIV é marcado pelas "condenações". Os paradigmas platônico-cristão e aristotélico-cristão são perseguidos e a Cristandade, que se fortalecia sobre o alicerce do binômio fé e razão, começa a se dissolver, dividindo cada vez mais o ideal da unidade entre o reino temporal e o espiritual.

Mais especificamente no século XV se vê a passagem da Idade Média para a Moderna. Algumas características são marcantes em tal passagem:

1. De uma monarquia cuja constituição civil tem na fé sua sustentação à diversidade dos Estados nacionais com suas constituições autônomas: França, Inglaterra, Espanha etc.

2. De um olhar que antes se voltava para a "Cidade de Deus" a uma nova visão onde a terra é o mistério maior a ser descoberto.

3. De uma razão filosófica que até então se submetia aos dogmas da Cristandade a uma razão autônoma cuja filosofia se volta para as experiências naturais ou científicas.

4. De uma unidade universal e exterior a uma realidade interior e individual.

É nesse contexto que abordamos o problema da imagem e semelhança na perspectiva de Mestre Eckhart. Numa compreensão místico-filosófica sobre a posição do ser humano em face dos mistérios de Deus, Eckhart entende que o objetivo da imagem de Deus no ser humano é a semelhança com o Uno, e a reflexão filosófica pode nos ajudar a compreender, através da metafísica, a inexplicável experiência da mística, segundo Lima Vaz: "[...] nesse campo, aliás, o problema filosófico coloca-se inevitavelmente, pois a experiência mística faz sua aparição no âmbito de uma questão especificamente filosófica: a questão da transcendência" (p. 26-27).

A mística de Eckhart mostra a responsabilidade do ser humano em sair de uma fase meramente infantil, em que as coisas externas fascinam os sentidos, para uma outra fase, mais madura, na qual nada mais encanta senão aquele que criou todos os encantos. A alma não pode percorrer o caminho da perfeição se não for primeiro atraída pela graça divina, por isso ela renuncia a tudo o que diz respeito ao homem exterior e experimenta o encontro com Deus, no seu interior. Os Padres do Deserto sabiam disso e, antes de Eckhart, já fizeram a experiência do vazio de tal forma a contar, como observa Merton (p. 48), que certa vez o diabo se transformou em anjo de luz e apareceu a um dos irmãos dizendo que havia sido enviado a ele. Mas eis que o irmão, livre de si e desapegado das "honras" e do orgulho próprio, disse: "Pense bem, você deve ter sido enviado a outra pessoa. Não fiz nada para merecer um anjo". Imediatamente o diabo desapareceu.

As brechas aparecem à medida que o ser humano se pensa merecedor.

Para o mestre de Colônia, é preciso cultivar as virtudes, principalmente a prudência, pois nossas tentações encobrem a imagem de Deus em nós; para isso cita Orígenes: "Com a cobiça terrena, ela ficará obstruída e oculta e, portanto, despercebida; contudo, a nascente permanece viva em si mesma, e logo que se afaste a terra lançada de fora sobre ela tornará a aparecer e dela nos aperceberemos". O próprio Eckhart apresenta uma outra comparação a fim de retratar melhor a noção de homem interior e exterior. Para ele, por mais que o homem exterior queira ofuscar a imagem de Deus, ela jamais vai se apagar, pois Deus implantou eternamente sua imagem no coração humano, como explica (2005, p. 93):

> [...] quando um mestre faz uma imagem de madeira ou de pedra, ele não introduz a imagem na madeira; o que ele faz é aparar as lascas que ocultavam e encobriam a imagem; não dá coisa alguma à madeira, mas lhe tira e escava a cobertura e afasta a ferrugem, fazendo aparecer o brilho do que jazia oculto debaixo dela. Este é o tesouro que jazia oculto no campo, como diz Nosso Senhor no Evangelho (Mt 13,44).

Para o nosso pensador, essa ideia não vem simplesmente de uma crença qualquer, mas foi construída a partir de vivências do ser humano em relação a Deus e que por inspiração divina foi registrada nas Escrituras.

A mensagem de Eckhart para sua época traz uma "reforma" nos hábitos cristãos, em que se considera, como bem observa Von Balthasar, "experiência existencial do divino". A elevação espiritual do ser humano se dá através de sua postura direta em relação ao divino, e a prática da oração e da meditação são fundamentais para "estar" na bondade e na justiça de Deus, "verdade desvelada que vem diretamente do coração de Deus".

Mestre Eckhart já anunciava em sua época a preocupação com o pragmatismo contemporâneo. Em *Instruções espirituais* observa que os homens se preocupam muito mais com o "fazer" e muito menos com o "ser".

No século XIX, com a iniciativa da Igreja Católica de retomar a filosofia dos escolásticos no combate ao ateísmo moderno, alguns pensadores descobriram seus escritos e a beleza de sua mística. Hoje, não são poucos os que se orientam pela via mística de Teresa de Ávila e João da Cruz, mestres que, de certa forma, se serviram do espírito intuitivo de Mestre Eckhart, cujos escritos são "não para seu próprio bem, mas somente por Deus".

Capítulo IV

A IMAGEM DE DEUS À SEMELHANÇA DO SER HUMANO

A psicanálise muito contribuiu para que a religião fosse analisada, tanto como uma saída civilizada da angústia como projeção de ilusões. De Freud a nossos dias, suas investigações favorecem a ciência na medida em que, através do método indutivo de investigação, retoma o problema da fé como um *fenômeno psíquico* passível de ser situado, observado e mensurado culturalmente.

Um melhor entendimento do pensamento freudiano sobre a religião vem de um pressuposto transparente revelado em uma das cartas ao Pastor Oscar Pfister, em 1910 (1998, p. 47): "Eu só poderia escrever para livrar a *minha* alma, revelar o *meu* afeto". Livrar a *minha* alma. Que alma? Revelar o *meu* afeto. Que afeto? Em sua autoanálise, Freud mostra a dificuldade na área afetiva: dificuldade com o pai e com os irmãos; demasiado apego à mãe e excessivo interesse pelos heróis da história geral. O que ele trata na construção da clínica psicanalítica trata também em sua própria vida. Erich Fromm, em *A missão de Freud* (1969), mostra, de forma bem clara, tal semelhança. Não obstante, faz-se necessário considerar a

Modernidade, isto é, o chão das convicções racionalistas, empiristas, positivistas e evolucionistas, próprio de uma realidade cuja preocupação se volta mais para a observação científica do que para a contemplação espiritual, mais para experiências particulares e menos para deduções advindas de categorias universais. É nesse contexto de crise que se dá a passagem de uma ciência ainda fechada na Europa vitoriana, de valores metafísicos, para uma ciência revolucionária centrada no conhecimento humano. De uma postura voltada para o céu a um investimento de "pé no chão". É nessa realidade que Freud se mostra ansioso para libertar sua alma e conquistar novas terras onde a afetividade, longe dos tabus morais e religiosos, possa ser analisada de forma autônoma e com liberdade de expressão. Freud é um migrante em todos os sentidos, na vida e na obra: apesar de ter uma herança no "Velho Mundo", almeja "novas terras" e com os conquistadores modernos se identifica, como está escrito em sua carta do dia 13 de junho de 1909 (1998, p. 36): "[...] adquiro uma semelhança notável com Colombo. Como ele, anseio por – terra". Assim como Colombo, que pisou e conquistou o Novo Mundo, Freud pisaria e conquistaria o mundo desconhecido do inconsciente.

Nos séculos XVI-XVII, o método indutivo dá ao sujeito uma certa autonomia na pesquisa científica. Francis Bacon anuncia o poder humano sobre os segredos da natureza afirmando que o verdadeiro saber vem da experiência sensível. René Descartes lança a dúvida metódica observando que a única certeza do ser humano está no pensamento, que domina o mundo das certezas e das dúvidas. Em oposição ao livre-arbítrio tradicional, que se baseava na vontade de Deus, surgiria o sujeito, cuja vontade, orientada pelo *cogito*, torna-se o verdadeiro "árbitro da verdade".

Na revolução humanista, a religião passa a ser uma patologia, muito mais que uma via terapêutica, e Jesus Cristo é reconhecido não pela ação salvífica de Deus na humanidade, mas por seu caráter puramente histórico, como pensavam Reimarus, F. Hegel, E. Renan e outros. O divino devia ser concebido nos limites da pura razão, como queria I. Kant, abrindo, assim, a janela para uma visão de mundo em que a narrativa bíblica de Gn 1,26 entrasse na livre interpretação. Não é mais Deus quem molda o ser humano à sua imagem e semelhança, mas é este quem constrói a imagem de Deus segundo sua semelhança. Freud faz parte desse contexto, cuja análise da religião é "psicologia projetada no exterior", ou, como afirmara seu mestre, o filósofo L. Feuerbach, "projeção dos desejos mais profundos do homem". A verdade, até então objetiva e transcendental, passa a ser questionada pelo sujeito racional e limitado em sua intencionalidade.

Muitos defendem a ideia de que Freud é Pós-Moderno alegando que, ao interpretar o inconsciente, ele considerava não só os dados de "fato", mas as emoções, a intuição e o contexto religioso e familiar de cada paciente. Não podemos negar sua implicação moderna, mesmo que tenha prenunciado, com a *interpretação dos sonhos*, uma nova era. Afirmar Freud como Pós-Moderno é dizer que ele dá valor não só ao indivíduo, mas à comunidade e à dimensão social e cultural que o rodeiam. Assim, a religião, por mais que no seu entender seja uma ilusão, é uma verdade a ser considerada e analisada na vida do paciente que a vive, a defende ou a nega. Nesse sentido, podemos falar de Freud Pós-Moderno, mas não podemos perder de vista seu contexto, sua gente e, principalmente, as ideias que se constituem no período chamado de Modernidade. Freud é produto de sua época, por isso podemos concordar com C. Foucault quando observa que "o autor é um produto ideológico, uma vez que o representamos como o oposto de sua função historicamente real... O autor é, portanto, o personagem ideológico por intermédio do qual se marca o modo por que temeremos a proliferação do significado".[1]

Nessa orientação, abordaremos o conceito de Modernidade e a crise da teologia, buscaremos o entendimento da religião em alguns escritos de Freud e, por fim, com ajuda de seus biógrafos, traremos à tona sua missão e motivações que o fizeram produzir ou "livrar sua alma".

Modernidade: crise da teologia e ascensão da ciência

Foi com o Renascimento que se deu o início de uma nova virada, em que se possibilitou uma visão de mundo centrada no ser humano, observador e observado, que passa a ser o ponto de partida e chegada de toda viagem científica.[2]

As experiências de Francis Bacon, a física de Galileu Galilei e o racionalismo cartesiano marcaram o início dessa nova época. Galileu se opunha à visão metafísica

---

[1] Cf. GRENZ, S. 1997, p. 203.

[2] São fatos importantes para a "revolução antropológica": J. Gutenberg inventa a imprensa em 1451 e a literatura grega passa a ser lida com mais facilidade; as grandes navegações e a descoberta de novas terras no final do século XV trouxeram ao homem um maior domínio sobre as forças da natureza. Também na astronomia o polonês Nicolau Copérnico, com a teoria heliocêntrica, mudaria a ideia de uma orientação metafísica para uma direção científica.

do mundo,[3] concordando com Demócrito que a origem da matéria está no átomo. Além disso, Galileu defendia a teoria de Copérnico, segundo a qual não só a terra gira em torno do sol, mas o grande astro possui manchas escuras (do latim *macula*). René Descartes anunciou um sistema filosófico em que o sujeito é o único responsável por sua existência. O dualismo cartesiano dá ao ser pensante, *res cogitans* (razão), todo domínio sobre o corpo e o mundo, *res extensa*. A herança de Blaise Pascal, o "creio, logo sou", apesar de persistir na Reforma Protestante, já não entraria com toda força como *cogito ergo sum*, única certeza da qual não se pode duvidar. O espírito, separado do corpo, já não se eleva para contemplar o Ser Uno, como queriam Platão e Santo Agostinho e Mestre Eckhart, mas para melhor dominar o mundo das incertezas, conforme o *Discurso do método*. Toda investigação científica deve partir do ser humano e para ele voltar. Às "trevas", a luz; à fé, o rigor da razão; à consciência metafísica, a ciência racional e empírica.

A revolução moderna tinha já seu embrião na escolástica medieval, que, através do nominalismo de Dans Scotus e de Guilherme de Ockham, já anunciava o fim do pensamento objetivo e ordenado em função da ideia de sujeito e de liberdade. Ali já se percebia a demolição do edifício religioso construído sobre os alicerces do binômio fé-razão. Batista Mondin (1992, p. 71) observa que o entendimento de G. Ockham sobre a razão é bem claro: no seu estado natural, a razão é limitada, não pode acolher a realidade em si mesma, mas só significá-la. Em outras palavras, a razão se direciona para as particularidades e

---

[3] Cf. TURIN, Juan. *Galileo atlántico y Kant copernicano*. Córdoba: Universidad Nacional de Córdoba, 1944.

abandona os conceitos universais, próprios da metafísica antiga e medieval. Tal pensamento abre caminho para o *racionalismo* dos séculos XVII e XVIII, o qual, ilimitadamente, fiel na capacidade da vontade e da razão humana, criaria e organizaria tudo.

Mais tarde, os iluministas franceses Diderot, D'Alembert e Voltaire, ligados ao *deísmo*,[4] afirmariam a absoluta autonomia da razão em relação à teologia e à metafísica. Nesse contexto, não se pensa o ser humano como "imagem e semelhança" de Deus, mas, ao contrário, é o sujeito que projeta Deus segundo a ideia limitada da razão. A Revolução Francesa é a analogia da destituição divina: o rei, imagem de um deus sem razão, ameaçaria toda e qualquer sociedade cujo alicerce está na trindade humana: *liberté, fraternité, egalité*. A pirâmide do pensamento ocidental se inverte, mostrando uma nova realidade de "baixo" para "cima"; do "homem" a "Deus"; do "imanente" ao "transcendente"; do "natural" ao "sobrenatural".

A razão atestaria somente o que fosse empiricamente provado pela realidade sensível. Os conceitos alma, metafísica e Deus, fundamentais para a doutrina de uma religião revelada, agora se os toma a partir dos dados vividos pelas percepções humanas.

Na Inglaterra, David Hume observara que a alma, diferente do conceito tradicional, é apenas uma cadeia de fenômenos inconscientes, de percepções e de imagens; a metafísica, segundo ele, não pode atingir a verdade, e Deus não pode ser comprovado empiricamente. A imagem de um Deus infinitamente inteligente, infinitamente

---

[4] Doutrina filosófica ou religiosa que considera a razão a faculdade necessária para provar a existência de Deus. Assim, rejeita o ensinamento de qualquer religião instituída ou revelada.

sábio e infinitamente bom nada mais é, segundo o filósofo escocês, do que experiências inteligentes, sábias e bondosas vividas pelo indivíduo. A psicologia substitui a metafísica ao lidar com a situação – causa e efeito – e com a associação de imagens dos fenômenos. Em outras palavras: o ceticismo de Hume dera início à psicologia moderna ao afirmar que não se pode buscar em Deus provas para a verdade da alma. Tal postura dera ao pensamento ocidental uma nova caricatura que perduraria até o século XX, influenciando pensadores como F. Nietzsche, K. Marx e principalmente S. Freud.

Na Alemanha, o *método crítico-racional* do deísta Hermann Samuel Reimarus iniciou as múltiplas interpretações sobre a vida de Jesus. Em seu "Do objetivo de Jesus e seus discípulos" (1774-1778), sustentou que Jesus foi um líder político falido em sua missão e assassinado pelos romanos. Segundo ele, os discípulos, após a morte do mestre, inventaram a ideia de ressurreição e a redenção dos pecados da humanidade. Para Reimarus, há uma diferença entre o Jesus dos discípulos e o Jesus histórico: se o primeiro foi produto dos discípulos, o segundo o foi da história. Aqui já se colocava em dúvida a origem divina do Cristianismo, cujo fundador é, como observava São Paulo em Cl 1,15, a verdadeira "imagem visível de Deus invisível". Outros autores integraram-se a essa ideia. Entre eles, romancistas, filósofos e teólogos liberais. E. Renan tinha na base de *La vie de Jésus* o integralismo ético. O filósofo e teólogo H. Nohl, em "Os escritos teológicos e juvenis de Hegel" (1907), reduzira Jesus a um moralista do imperativo categórico, e o antropólogo D. F. Strauss defendia a ideia da demitificação dos Evangelhos sobre a "vida de Jesus".

O idealismo alemão fora incorporado ao pietismo de I. Kant. O pietismo é a livre interpretação da Bíblia sem a presença da teologia ou da autoridade da Igreja. É também, segundo N. Abbagnano (1993, p. 671), culto interior ou moral de Deus e empenho na vida civil. A *Crítica da razão*, de Kant, resolveria o problema metafísico: não mais a adaptação do sujeito ao objeto, mas a adaptação do objeto ao sujeito: a religião reduzida a sentimento e moral, e Deus, a utilidade pública necessária à felicidade do ser humano. O imperativo categórico kantiano "tu deves" independe da ideia de um ser universal, mas puramente da humanidade. Na fase adulta em que se encontra, o humano *Mundig* não se dobra, como uma criança, a um ser exterior e superior a si. Tal pensamento expressa a Modernidade ou, como diz o psicólogo e escritor Erich Neumann (1991, p. 9): "a era em que ciência e técnica demonstram a capacidade da consciência de se haver com a natureza física e de dominá-la em larga escala, em maior medida do que qualquer outra época da história da humanidade".

A psicologia, a filosofia e a antropologia cultural, todas partindo do método científico moderno, investiram no fenômeno religioso a fim de descobrir a sua "verdadeira essência". Wundt, L. Feuerbach e R. Smith se dedicaram, de modo especial, a estudá-la a partir de seus respectivos pontos de vista. Esses estudos davam a S. Freud subsídios para uma maior síntese, acrescentada da sua descoberta: a neurose.

A psicologia, ao entrar na chamada "Mais luz", movimento que girava em torno do poeta alemão Goethe, começa a se preocupar com a vida religiosa a partir de investigações práticas. O primeiro foi Wundt, que, ao centrar suas pesquisas no sentimento na religião primitiva, daria a K. Girgenshon a ideia de publicar, em 1921, *A estrutura psíquica da vivência religiosa*, obra que daria início à Escola de Dorpat, cujo objetivo era estudar as poesias e as orações dos místicos. O que importava era responder à pergunta: o que sente o ser humano ao viver sua crença? Para essa Escola, segundo Antal Benkö (1993, p. 9-21), a religião era tomada como um estado indiferenciado de sentimento, isto é, pensamento e função do eu. Freud foi influenciado por essa psicologia, mas não parou por aí, descobriu que, para além dos sentimentos conscientes do homem religioso, existe um mecanismo inconsciente, do qual ele nada sabe. O paciente, não o terapeuta, é o maior responsável pelas próprias contradições existenciais, no que concorda E. Neumann (1991) ao afirmar que o ser humano tem uma necessidade, a partir das forças profundas do inconsciente, de encontrar novos caminhos, novas formas de vida e novos símbolos condutores.

L. Feuerbach, autor de *A essência do Cristianismo* (1841), havia observado que a religião nada mais é do que a revelação da intimidade humana: "[...] a consciência de Deus é autoconsciência, o conhecimento de Deus é autoconhecimento. A religião é o solene desvelar dos tesouros ocultos do ser humano, a revelação dos seus pensamentos íntimos, a confissão aberta dos seus segredos de amor".[5] É uma espécie de metafísica do sujeito, projeção dos sentimentos mais profundos. Freud aceita essa ideia ao postulá-la como "uma projeção psicológica" do sujeito, mas não aceitou o termo metafísica, preferindo um outro, mais próprio à sua pesquisa: metapsicologia.

---

[5] Cf. ALVES, Rubem. *O que é religião*. São Paulo: Abril Cultural/Brasiliense, 1984. p. 97.

A antropologia aparece como ciência e retoma a pergunta: a religião, enquanto fenômeno coletivo, qual é a sua origem? O antropólogo R. Smith tinha afirmado que, na antiga religião, havia manifestações em torno das quais os membros naturalmente se juntavam. Tais práticas eram rituais sagrados mais antigos que as teorias. Freud, influenciado por esses pensadores, preocupa-se mais com o método indutivo próprio da ciência, dando à clínica um lugar especial no trabalho com os sintomas e complexidades psicológicas, como podemos ler em *O interesse científico da psicanálise* (1913) (1974, p. 220):

> [...] não se pode aceitar como primeiro impulso para a construção de mitos um anseio teórico por encontrar uma explicação para os fenômenos naturais ou para elucidar observâncias e práticas de culto que se tornaram ininteligíveis. A Psicanálise procura esse impulso nos mesmos "complexos" psíquicos, nas mesmas inclinações emocionais que descobriu como sendo a base dos sonhos e dos sintomas.

Ao evocar a narrativa da horda primitiva de R. Smith, Freud aponta para o fator prático e simbólico do mito em relação à religião. O mito, segundo ele, se interioriza, ganha espaço dentro do ser humano, assim como os sonhos e as fantasias. É produto do inconsciente, do qual se origina, processa e realiza. O Édipo, para Freud, faz a ligação simbólica do mito à religião. Nas *Conferências introdutórias sobre a psicanálise* (1915-1917), Freud comenta a descrição que fez sobre a relação de um menino e de uma menina com os seus pais. O menino se liga afetuosamente à mãe e a menina, ao pai. Se o primeiro procura, simbolicamente, matar o pai e se casar com a mãe, a segunda, ao contrário, sente necessidade de eliminar a mãe, por julgá-la supérflua, e procura tomar-lhe o lugar junto ao pai. Ao analisar o mito de Édipo, Freud comenta sobre seus delitos: incesto e parricídio, dois grandes crimes proscritos pelo totemismo, a primeira instituição sociorreligiosa da humanidade.

Wundt, L. Feuerbach e R. Smith deram a Freud um bom material. O primeiro indica o caminho para o inconsciente, o segundo direciona o fenômeno religioso para uma projeção exterior do ser humano e o terceiro mostra sua consistência na acentuação mítica.

Nas *Conferências introdutórias sobre a psicanálise* (1915-1917), Freud assegura que o papel da religião é fazer com que o ser humano se certifique de sua origem, garantindo a ele, através de normas e preceitos, a felicidade e proteção. Essa garantia está nos moldes da relação filial, ou seja, a crença no pai sobrenatural dá segurança, recompensa e punição, comportamento externo da relação infantil com o pai. Eis a "essência" da religião na perspectiva freudiana. Ao partir do pressuposto de que a religião é "psicologia projetada no exterior", Freud elimina toda e qualquer ideia sobre sua origem divina. Tal projeção, segundo ele, diz respeito à identificação com um modelo, *a priori*, externo, ao qual o sujeito procura se adaptar; é uma ilusão. A ilusão, para Freud, não é falsa, pois, assim como a imaginação, ela tem sua verdade, mas foge à proposta moderna de adaptação simbólica da realidade ao sujeito, como queria a maioria de seus pensadores.

Religião e psicanálise freudiana

Freud é fruto de uma visão científica, por isso suas ideias estão ligadas não a uma corrente, mas a um espírito: o espírito positivo da Modernidade. A propósito, o médico de Viena evoca a espinha dorsal do positivismo de Augusto Comte e do evolucionismo de Darwin ao afirmar que o ser humano passa por um processo de evolução que constitui três fases diferentes em sua libido: uma é mais evoluída que a outra e a terceira é mais evoluída do que as duas anteriores. O problema da religião, como a libido, passa por essa análise.

A. Comte, ao observar a humanidade, viu nela três estados diferentes: teológico, metafísico e positivo. O primeiro, para ele, explica os fenômenos da natureza pela intervenção sobrenatural e divina: o fetichismo, o politeísmo e o monoteísmo são graus ascendentes dessa fase. O segundo estado substitui o primeiro e se caracteriza por ser abstrato: o mundo das formas e das causas explica os fundamentos de todos os fatos. Por último, o terceiro estado é chamado de positivo ou *científico*. Nele, o ser humano, autônomo com relação aos seus interesses, substitui a investigação metafísica pela observação dos fenômenos e suas leis. Se o primeiro estado é provisório, o segundo é transitório e o terceiro, definitivo.

O positivismo está na base das fases da libido estudadas por Freud: a primeira, ligada à religião, assemelha-se à infância ou à fase narcisista; a segunda, semelhante à fase metafísica, é a fixação na causa da libido: os pais, é a fase edípica; a terceira, como fase consciente, é adulta e se caracteriza pela renúncia ao princípio do prazer e submissão à realidade científica. Por analogia, podemos observar que a projeção religiosa faz parte de uma fase infantil e transitória da humanidade, posição assumida em *Totem e tabu* (1913) e principalmente em *O interesse científico da psicanálise* (1913) (p. 222), onde lemos:

Com o controle progressivo dos homens sobre o mundo segue uma evolução de sua *weltanschauung*, sua visão do universo como um todo. Cada vez eles se afastam mais de sua crença original na própria onipotência, elevando-se da fase animista para a religiosa e desta para a científica. Os mitos, a religião e a moralidade podem ser situados nesse esquema como tentativas de busca de compensação da falta de satisfação dos desejos humanos.

Assim, para Freud, a religião oferece, em face da neurose, uma proteção coletiva à cultura, pela obediência a um ser superior cuja orientação traz salvação para a existência humana. Confiar a vida a um outro, eis o primeiro passo para uma neurose obsessiva, como indica em *As perspectivas futuras da terapêutica psicanalítica* (1910) (1970, p. 131): "Poucas pessoas civilizadas, apenas, são capazes de existir sem confiar em outras ou, até mesmo, de vir a ter uma opinião independente".

Laplanche e Pontalis (1993, p. 363-366) observam que na psicanálise as neuroses são sintomas ou expressão simbólica de um conflito psíquico, cujas raízes estão na infância e se constituem por um compromisso entre desejo e defesa, conflitos inconscientes oriundos de pressões sociomorais ou do desequilíbrio da realidade psíquica.

Se, por um lado, Freud afirma que a religião pode levar a uma neurose universal, por outro lado ele está de acordo que a falta dela também pode contribuir para uma estruturação patológica se o ser humano não estiver maduro o bastante para assumir seu ateísmo. Por exemplo: a blasfêmia histérica não é nada mais que atos ou representações inconscientes da "vontade contrária", como podemos ver em *História de uma neurose infantil* (1918) (1976), onde há uma ambivalência do *Homem dos lobos* em sua relação afetiva com o pai, reações em que o amor se transforma em ódio. Também em *Notas sobre o caso de neurose obsessiva* (1909) (1976, p. 223-250), Freud apresenta, nessa linha, o *Homem dos ratos*, tomado por um sentimento que motiva a dúvida e a blasfêmia, uma espécie de fé "contrária". Outros casos, como o de *Leonardo da Vinci* e o do paranoico *presidente Schreber*, apresentam "resistências" de uma afetividade em conflitos. São personagens que ora tomam Deus, ora tomam o demônio como substituto do pai. Tal projeção tem, segundo Freud, uma vertente infantil, passiva e feminina.

Esses casos dão a Freud mais subsídios para melhor tratar o problema do ser humano diante de Deus. Algumas obras são bem expressivas, não queremos abordá-las uma por uma, mas somente mencioná-las como um material importante de análise antropológica. Entre elas, temos obras mais psicológicas, como *Psicopatologia da vida cotidiana*, "Atos obsessivos e práticas religiosas", "Uma recordação da infância de Leonardo da Vinci", *Psicologia de grupo*, *O ego e o id*. Também escritos culturais, como *Totem e tabu*, *O futuro de uma ilusão*, *O mal-estar na civilização*, *Novas conferências introdutórias: "Weltanschauung"* e *Moisés e o monoteísmo*.

Em *Psicopatologia da vida cotidiana* (1901) (1987, 2. ed., p. 223), Freud afirma que os ritos religiosos dizem respeito a uma projeção psicológica do sujeito e a crença nada mais é do que o mecanismo pelo qual o ser humano projeta o desejo de matar seus limites ou sua própria morte. Isso, no seu entender, é a sistematização de uma neurose interna a ser projetada como sintoma ou "psicologia projetada sobre o mundo externo". Essa ideia aparece em 1907, em seu artigo "Atos obsessivos e práticas religiosas", onde mostra a estreita relação entre obsessão e fé; repetições e ritos, cuja função é punir o mal e vencer a morte. Assim, tanto o neurótico obsessivo quanto o piedoso são, para o pai da psicanálise, pessoas compulsivas e reprimidas que sofrem por um sentimento inconsciente, isto é, uma culpa da qual nada se sabe. Para Freud, quem sofre de compulsões e proibições se comporta como se estivesse dominado por um sentimento de culpa, do qual nada sabe, isto é, um sentimento inconsciente de culpa e, sua origem, está em certos acontecimentos mentais primitivos.

Freud liga a crença religiosa à neurose, eis sua contribuição à psicologia da religião. Em "Uma recordação da infância de Leonardo da Vinci" (1910), introduz no ato de fé o "complexo de Édipo". Segundo ele, Deus é, psicologicamente, o pai da infância projetado e ampliado no mundo externo, por isso a necessidade de Deus está relacionada ao desejo infantil pelo pai ou à obediência à lei paterna: desaparecendo a desobediência à autoridade paterna, também desaparecerá a religião. Mas, por outro lado, ela pode se fortalecer se a culpa pela desobediência permanecer, como bem escreve em *Totem e tabu* (1913).

Ernest Jones (1989, p. 349), biógrafo de Freud, observa que o interesse do mestre pela religião tem na base o interesse pelo ser humano e sua relação neurótica com a civilização:

> Várias informações de Freud deixam claro que ele pretendia estudar basicamente as origens da religião. Como se pode verificar, seu estudo veio a cuidar também da origem da própria civilização, da lei, da moral e dos próprios primórdios da vida em comunidade com as reações do homem a seu conflito quanto ao complexo de Édipo primordial.

Influenciado pelo evolucionismo, Freud afirma que a religião nasceu com os povos primitivos. Utilizando a narrativa da horda primitiva, observa que ela se origina no momento em que os filhos, com ciúmes da autoridade do pai, o desobedecem e o assassinam, mas, arrependidos e tomados de culpa, o eternizam como se ele vivesse ainda mais forte na tribo: levantam um totem como imagem sagrada do morto e estabelecem o tabu com intuito de regularizar a libido, de modo a proibir o incesto e o homicídio, admitindo somente a exogamia: "membros de um mesmo totem não podem ter relações sexuais entre eles e não podem, portanto, contrair matrimônio".

Freud, em *Novas conferências introdutórias sobre psicanálise* (1933), fala de *Sonho e ocultismo* (1976, XXX conf.) e observa que o primeiro ato religioso combina com o primeiro ato da civilização: compulsão a matar o pai, culpa e proibição (lei). Deus é o pai da infância exaltado: criador, bom, poderoso, onisciente e protetor da criança frágil. Depositar confiança nele é reviver a infância passada. Isso, para Freud, é uma ilusão e, como observa um de seus biógrafos, E. Fromm (1969, p. 108), ele vê

> na crença em Deus a fixação no anseio por uma figura paterna que proteja contra tudo, a manifestação do desejo de ser auxiliado e salvo, quando na realidade o homem só pode, se não salvar-se a si mesmo, pelo menos auxiliar-se a si mesmo, despertando das ilusões infantis e usando seu próprio vigor, razão e habilidades.

Na psicanálise, o conceito de ilusão está intimamente ligado ao conceito de decepção. Em *Considerações da atualidade sobre a guerra e a morte* (1915), Freud mostra isso ao observar que a força do desejo determina a realidade da ilusão e tal força investe no velamento de uma realidade violenta e mortal com o intuito de evitar o desprazer, por isso se colore essa realidade a fim de que ela crie adaptações que satisfaçam o próprio desejo. Essa ideia aparece, de forma mais clara, em *Novas conferências introdutórias sobre psicanálise* (1933), onde observa que a projeção religiosa garante proteção em face dos perigos da civilização, perigos que vêm de fora, de dentro do homem e de suas relações com os outros. Para ele, é uma satisfação infantil, portanto ilusória, em que o preço a pagar é a decepção. Assim, o crescimento humano e da ciência consiste em rever tal atitude.

Para Freud, o líder religioso tem uma grande tarefa nisso: tanto pode levar à ilusão quanto conscientizar para a libertação da neurose. Em *Psicologia das massas e análise do ego* (1921) (1976, p. 120), observa que, na religião, o líder projeta o seu ideal, fazendo com que todos os membros do grupo dele compartilhem, como mostra, por exemplo, o Cristianismo, que, ao postular Cristo como o amor ideal com o qual o cristão deve se identificar, cria uma ilusão. Ilusão porque o amor que deveria ser universal nada mais é do que parcial ao excluir aqueles que não o reconhecem. Cria, portanto, a ideia de que somente em Cristo há salvação, podendo justificar "afanes destrutivos", como observa em *Por que a guerra?* (1933) (1976, p. 251). Também na obra *O ego e o id* (1923), Freud trabalha tal clareza com mais precisão: admite que os ideais ilusórios nascem das emoções; acredita que no futuro a humanidade será mais adulta, pois descobrirá que a segurança humana não está fora, mas no próprio ser humano, na razão. Concomitante ao crescimento do indivíduo, a humanidade terá na religião uma fase transitória. Assim como uma criança evolui em sua personalidade, passando à adolescência e, depois, à maturidade, também o ser humano vai evoluir em sua *Weltanschauung*, passando da fase animista à religiosa e, desta, à científica – fase adulta da humanidade, evitando projetar ou criar a imagem de um ser superior que venha trazer-lhe salvação. Acerca disso alerta em O *futuro de uma ilusão* (1927) (1974, p. 43): "[...] o reconhecimento de que esse desamparo perdura através da vida tornou necessário aferrar-se à existência de um pai, dessa vez, porém, um pai mais poderoso. Assim, o governo benevolente de uma Providência divina mitiga nosso temor dos perigos da vida". Para ele, é essa a grande fortaleza que sustenta o edifício das ideias religiosas. Do desejo de realização, do medo do desamparo e da morte, nasce a ideia de Deus pai, garantia de felicidade e eternidade que não são pressupostos empíricos:

> Proclamadas como ensinamentos, não constituem precipitados de experiência ou resultados finais de pensamento: são ilusões, realizações dos mais antigos, fortes e prementes desejos da humanidade. O segredo de sua força reside na força desses desejos. Como já sabemos, a impressão terrificante de desamparo na infância despertou a necessidade de proteção – de proteção através do amor –, a qual foi proporcionada pelo pai.

A ideia de um "único e grande deus" é, para ele, uma ilusão, mas pode se tornar um delírio. Em sua obra *Moisés e o monoteísmo* (1939) (1969, p. 154), observa que tal delírio é fruto de uma compulsão em "acreditar" numa imagem memorizada no passado, devendo projetá-la no presente visando o futuro. Em *O mal-estar na civilização* (1930), parece reafirmar essa postura ao observar que, para o homem comum, a Providência divina é imaginada na forma de um pai que compreende o desejo e as necessidades de seus filhos. Nesse texto, ele insere a questão religiosa na pulsão[6] a ser sublimada a fim de construir a

---

[6] Energia fundamental do sujeito. É certo falar de pulsões, visto que Freud as definia como quatro: a fonte, o impulso, o objeto e a finalidade.

cultura. Assim, como a civilização, a religião pode contribuir para sublimar uma relação conflituosa e individual com o pai, levando-a a uma neurose coletiva, cuja função paterna, na visão mística, é representada por Deus.

Em *A questão de uma Weltanschauung* (1933), Freud defende a visão *científica* da vida em oposição àquela mística e metafísica. Neste ensaio aponta para o lugar da mística na evolução humana e afirma a ideia de que a crença religiosa é um objeto legítimo de investigação psicológica, tal como quaisquer outros fenômenos da mente. Para ele, qualquer religião é objeto de estudo, por isso investiga tanto a religião judaica quanto a cristã à luz da ideia evolucionista. Ao analisar o personagem bíblico Moisés, observa que era um nobre egípcio criado no monoteísmo de Aton e sua mãe verdadeira era filha do faraó. Rejeitado por seus compatriotas, viu-se no meio de um povo imigrante e inculto e, como líder, se incorpora à crença do deus vulcânico Iahweh, formando a religião judaica. À diferença de outros povos, que escolhem o seu deus, o Judaísmo é a religião do "povo eleito". A falha dessa religião é, segundo Freud, o não cumprimento da lei. Para ele, os cerimoniais e rituais foram, com o tempo, se estabelecendo, em detrimento das concepções mosaicas, contribuindo para a formação de neuroses obsessivas. Essa falha foi remediada pelo judeu Paulo ao aceitar Jesus como o Messias, o novo Moisés. Assassinado Jesus, Paulo remonta à culpa primitiva, à qual dá o nome de "pecado original": pecado mortal contra o pai, Jesus, encarnação do Deus dos cristãos ou "imagem visível do Deus invisível".

As obras de Freud sobre o problema da religião deixam transparecer o seu método. Procura conectar a neurose humana à relação do ser humano com Deus. Em outras palavras: Deus, pecado e ressurreição nada mais são do que projeção de uma força psicológica própria do desejo humano. Mas enquanto "fenômeno", a religião não é falsa; tem a sua história, mesmo que esse Deus se chame pai, que o pecado se chame culpa ou que se atribua à ressurreição o desejo de imortalidade.

A posição de Freud, com relação à imagem de Deus, produzida pelo ser humano, não é a de um teólogo ou a de um místico. Freud parte de sua especialidade neurológica: viveu numa época em que o conhecimento se dividia em várias disciplinas e cada uma delas tinha a sua autonomia científica. Utilizando-se muitas vezes do método criado pelo Iluminismo, Freud coloca a fé nos limites da razão. Sua contribuição maior foi abordar a "imagem de Deus" como "fenômeno" psicológico a ser "estudado" e não como um *noumenon* metafísico a ser "acreditado". Nesse caso, podemos entendê-lo a partir de sua comunidade acadêmica moderna e não mais naquela realidade teocêntrica medieval. Sua intenção é abordar a força do desejo imanente ao ser humano e não a vontade transcendente e divina.

A psicanálise aplicada a Freud

Algumas afirmações são fundamentais na análise de Freud sobre a religião e vale a pena ressaltá-las, pois dizem respeito à educação do próprio Freud. Tomemos por exemplo duas: a religião é a projeção das angústias infantis do "complexo de Édipo"; origina-se na cultura dos povos primitivos. Dessas duas observações entendemos sua pretensão em trilhar o "caminho real" do inconsciente. A imagem de Deus, como projeção de um desejo, está também associada aos sonhos. Os escritos de Freud não só estão em concordância com a filosofia de sua época, mas também com as "lascas" de sonhos vindas de pacientes e com sua própria experiência de vida, como vemos nas cartas a Fliess.

Biógrafos como E. Jones e E. Fromm apresentam dicas importantes para uma melhor compreensão do homem Freud e sua resistência com relação a Deus e ao pai. Para E. Fromm (1969, p. 20-21), a infância de Freud foi superprotegida pela mãe, como podemos constatar em suas memórias. Um exemplo disso é a renúncia da irmã à música. Freud, aos oito anos, se incomodava com o toque do piano e isso já mostra uma certa autoridade do pequeno Sigmund diante de sua família.

Em *A interpretação dos sonhos* (1900), pelo menos dois de seus sonhos expressam a ideia de superproteção e autoridade. O primeiro, recontado por E. Jones, é o da cozinha, onde o pequeno Sigmund, ao procurar um pedaço de pudim, se defrontou com três mulheres. A dona da estalagem parecia fazer bolinhos de massa e dizia-lhe que devia esperar até que ficasse pronto. Impaciente e ofendido, pôs um sobretudo comprido e se surpreendeu ao ver que este estava guarnecido de pele. Pôs um segundo sobretudo, que tinha uma longa barra e nela um desenho turco, momento em que apareceu um estranho que tentou impedir que Freud o vestisse, dizendo ser dele. Freud, então, mostrou que o pano estava bordado à moda turca. O estranho, então, perguntou: "O que os turcos têm a ver com você?". Aí, ficaram bastante afáveis, um com o outro. E. Fromm, ao interpretar esse sonho, observa a necessidade de Freud pelo alimento materno, sua reação é típica do filho preferido da mamãe. Quando isso não acontece, ele se enfurece e sai ao encontro do homem grande, pai, que tem como símbolo o capote comprido demais e pertencente a um estranho.

O segundo sonho aponta para a infância de Freud, em que ele vê sua querida mãe com uma expressão peculiarmente pacífica e com a fisionomia adormecida nos braços de algumas pessoas com bicos de pássaros. Ela foi carregada para o quarto e deitada na cama. Freud, segundo E. Fromm, se lembra de ter acordado apavorado com a possibilidade da morte da mãe.

Há em Freud uma atitude na qual se pode detectar a imagem do "complexo de Édipo". Se por um lado confia absolutamente em si mesmo, por outro lado cria um sentimento de dependência e de insegurança, elementos centrais de sua personalidade que o acompanharão pela vida toda. Com relação à própria namorada, como podemos ler em uma carta escrita a Marta, datada de 2 de junho de 1884:[7] "Pobre de ti, minha Princesa, quando eu chegar. Beijarei até ficares bem vermelha e te alimentarei até ficares bem roliça. E se estiveres disposta verás quem é o mais forte, uma gentil mocinha que não come bastante ou um grandalhão selvagem que tem cocaína no corpo".

Para E. Fromm, o medo inconsciente de perder a mãe era comum em Freud, por isso a autoafirmação. O "mais forte" conquistou a terra desconhecida da sexualidade, mas, por outro lado, dependia de algo que pudesse reprimir seus instintos sexuais e emocionais em função de uma vida mais civilizada.

---

[7] Cf. FROMM, Erich. *A missão de Freud*, 1969, p. 28.

Com o pai, teve também um relacionamento difícil. E. Fromm explica que na vida do pequeno Sigmund havia um buraco a ser preenchido. Aos dois anos, após ter urinado na cama e ser repreendido pelo pai, eis o que o pequeno disse: "Não se preocupe, papai. Vou comprar uma bonita cama vermelha nova para você em Neutitschein".[8] Aqui já aparecia a destituição do pai pelo pequeno que se achava superior, pelo menos em poder. A imagem paterna vai cair, de vez, aos doze anos, ao saber que, na juventude, um gentio tinha derrubado o gorro de seu pai e gritado: "Judeu, saia da calçada!". Sua insatisfação veio logo após a curiosidade: "E o que você fez?", ao que o pai respondera: "Fui até o meio da rua e apanhei o gorro". Freud ficou indignado com essa postura anti-heroica e preferiu, então, um herói que recheasse essa lacuna: o herói semita Aníbal, cuja missão era a de vingar o pai das aviltações romanas, como observa E. Fromm (1969, p. 85):

> E quando em anos superiores comecei a sentir pela primeira vez o que queria dizer pertencer a uma raça alienígena, e sentimentos antissemitas entre os outros rapazes, preveniram-me de que eu devia adotar uma posição definida, a figura do general semita ergueu-se ainda mais alto em minha estima [...]. E o desejo de ir a Roma tornara-se, em meus sonhos, um disfarce e um símbolo para diversos outros desejos exaltados. Sua concretização seria buscada com toda a perseverança e coerência do cartaginês, malgrado sua realização parecesse no momento tão pouco favorecida pelo destino quanto o desejo da vida inteira de Aníbal de entrar em Roma.

O desejo de Freud, ao analisar a religião, se compara ao de seus heróis Aníbal e Moisés, cujo desejo era de

---

[8] Ibid., p. 65.

entrar na terra e dominá-la. Entrar em Roma, sede do Catolicismo, seria, para Freud, repetir o mesmo feito de Aníbal, que pretendia vingar o pai. Isso, de fato, é confirmado na carta a Fliess escrita em 3 de dezembro de 1897, retomada por Fromm, onde Freud diz: "Meu anseio por ir a Roma é profundamente neurótico. Liga-se à minha adoração do tempo de escola pelo semita Aníbal, e, de fato, este ano, não cheguei a Roma tanto quanto ele não o fez partindo do lago Trasimeno".[9] Tratar dos problemas concernentes ao Cristianismo significava, pessoalmente, para o judeu de Viena, conquistar um terreno estranho. É interessante que Freud só consegue entrar em Roma depois de ter escrito *A interpretação dos sonhos* (1900). Invadir os sonhos com as armas da interpretação racional significa entrar num terreno até então nunca antes explorado pela ciência. Acerca disso, observa Morton T. Kelsey (1996, p. 272):

> A Igreja cristã primitiva via nos sonhos uma das maneiras mais centrais e significativas de Deus revelar sua vontade aos seres humanos; acreditava-se que os sonhos abriam caminho às pessoas para uma realidade cujo contato seria muito mais difícil por outro meio qualquer. Esta não é apenas a visão do Antigo Testamento, mas também do Novo e dos Padres da Igreja até Tomás de Aquino, podendo ser encontrada quase em todas as grandes religiões do mundo.

Se, para a teologia, o sonho é uma mensagem de Deus ao ser humano, ao ver de Freud, pelo contrário, é uma via pela qual o ser humano produz e cura suas neuroses ou projeções de imagens ilusórias. Morton T. Kelsey (p. 24) comenta que *A interpretação dos sonhos* revela, pela primeira vez, as ideias de Freud ao mundo e observa que

---

[9] Ibid., p. 85.

nisso está o suprassumo da psicanálise: "[...] quinze anos depois, deu um curso na Universidade de Viena, organizado em várias conferências, onde desenvolveu toda sua teoria sobre a neurose, a doença mental e os sonhos; esse trabalho foi posteriormente publicado como *Introdução geral à psicanálise*".

A interpretação dos sonhos (1900) marca, simbolicamente, a entrada de Freud em Roma e a interiorização do mito moderno de Prometeu, que, roubando o misterioso fogo de Zeus – *o sonho* –, o entrega ao ser humano, possibilitando-lhe a posse do conhecimento sobre os mistérios. Tal postura se remete ao sonho de uma criança, o qual Freud não conseguiu resistir a registrar em *A interpretação dos sonhos* (1900) (1987, p. 387):

> Lembro-me de ter sonhado muitas vezes, quando criança, disse uma senhora, que Deus usava na cabeça um chapéu pontiagudo de papel. Muitas vezes, costumavam colocar um desses chapéus em minha cabeça às refeições, para me impedir de olhar os pratos das outras crianças para ver qual era o tamanho das porções que lhes eram servidas. Como tinha ouvido dizer que Deus era onisciente, o sentido do sonho era que eu sabia tudo – apesar do chapéu que me fora colocado na cabeça.

Em *Totem e tabu*, *O mal-estar na civilização* e *Moisés e o monoteísmo*, Freud trata de entender a civilização e deixa transparecer, de forma inconsciente, sua relação com a civilização judaica. Na última obra ele apresenta Moisés como filho de um nobre egípcio e a ele se compara, ao negar sua origem judaica. E. Fromm observa que, inconscientemente, o mestre da psicanálise priva o Judaísmo da paternidade de Moisés: "Tal como Moisés não nasceu de judeus humildes, também não sou judeu, porém um homem de ascendência real".[10] A psicanálise não tem a função de ser ateia ou religiosa; ela se constitui em um método de análise a-religiosa. A atitude de Freud, com relação à religião, tem sua conotação mais pessoal e, geralmente, não quer comprometer a psicanálise, apesar de utilizar-se dessa técnica.

A psicanálise é invenção de um autor: S. Freud. O capítulo V de O ego e o id mostra sua missão: conquistar progressivamente o Id a fim de se desenvolver, dominar e inibir as pulsões. Segundo E. Fromm, Freud propõe a conquista da paixão pela razão; por isso, manifesta um objetivo religioso-ético, cujas raízes estão no Protestantismo, na filosofia iluminista, na filosofia de Espinosa, na religião da razão e no pietismo. Nesse sentido, observa Fromm (1969, p. 106-107), sob a roupagem de uma escola científica, Freud concretizara seu velho sonho: ser Moisés, que mostrou à raça humana a terra prometida, a conquista do Id pelo Ego e o caminho para essa conquista. Freud foi um racionalista, mas herdou muito do romantismo: o não racional; visto que o seu "texto", sobre religião, esconde o seu próprio drama: o do filho *Hamlet*, que, sob o "pré-texto" de vingar o pai, se vê atormentado, dia e noite, pelo espectro paterno, como é o caso de Aníbal, o herói semita de suas fantasias.

Freud observou que a religião se origina de dois mecanismos: da projeção das angústias infantis e da cultura dos povos primitivos. Portanto, "neurose obsessiva universal da humanidade".

Entre psicanálise e religião existe uma impossibilidade psicodinâmica; porém, ante as perguntas sobre o

---

[10] Ibid., p. 69.

homem, o que resta é utilizar todas as possibilidades a fim de se libertar de uma concepção parental do destino, como queria Freud, ao revelar a O. Pfister a sua peleja entre *Logos* e *Ananké*.[11] O objetivo de Freud não é atacar a religião, mas defender a liberdade e a personalidade humana.

O saber de Freud sobre a imagem de Deus, criada pelo ser humano, quando racionalizado, é limitado, pois leva em conta que nenhuma Weltanschauung, nem mesmo a científica, é capaz de responder às principais perguntas antropológicas: o que sou? De onde venho? Para onde vou? Mas, quando trilha o trajeto não racional do inconsciente, é aberto a outras interpretações, religiosas inclusive. O. Pfister, E. Jones, C. Jung e E. Fromm valeram-se da psicanálise, mas, ao contrário do mestre, procuraram defender a espiritualidade. Jung colocou a religião no centro do processo de individuação humana, tomando a imagem de Deus e as representações religiosas como arquétipo ou modelo originário a ser compreendido, só funcionalmente, ou como "eneagrama da alma". E. Fromm procurou superar o antagonismo Freud-Jung elaborando a ideia da harmonia entre pensamento e mística. Reconhecia a necessidade de um sistema comum de orientação e de um objeto de devoção, enraizados em nossas condições existenciais. Nesse sentido, V. Frankl (1992, p. 55) observava que a religiosidade só pode ser genuína se ela é existencial; isto é, no confronto da psicoterapia com os problemas espirituais a pessoa pode se sentir não impelida a projetar uma imagem de Deus, mas a decidir por assumir nele a imagem de Deus.

---

[11] Cf. FREUD; PFISTER. *Cartas entre Freud e Pfister...*, p. 115.

O sujeito da psicanálise, ainda que cartesiano, é o "desejo". Mas o desejo tanto pode produzir uma imagem distorcida de Deus quanto uma imagem divina, através da qual o ser humano pode livrar-se de si mesmo ou da sua própria obsessividade.

Se Freud toma a religião mais sob o prisma etnológico e individual, os últimos partem de suas convicções e das necessidades adquiridas na cultura ocidental cristã. Essa diversidade de interpretações aponta para o lado Pós-Moderno da psicanálise. O próprio Freud observa, em *O futuro de uma ilusão* (1927) (p. 59), que, tanto o ateu quanto a pessoa de fé, "com o mesmo direito, poderão fazer uso da psicanálise para dar valor integral à significação emocional das doutrinas religiosas". Freud pode ser ateu, mas a psicanálise, enquanto instrumento de cura, não se submete à fé e não responde a esta ou aquela doutrina, seja espiritual, seja cética.

Capítulo V

O DRAMA HUMANO NO PLANO DIVINO

Em sua obra *A psicologia da fé*,[1] "modelo de apologética que os tempos novos reclamam",[2] Leonel Franca evidencia o ato de fé como uma iniciativa da vontade e da inteligência humanas em direção a Deus. Pressupostos importantes para uma antropologia teológica cujo objeto é o ser humano criado à imagem e semelhança de Deus.

Tomás de Aquino acreditava que o bem infinito, por pura graça, pode adequar à capacidade infinita das faculdades espirituais humanas o intelecto e a vontade.[3] Essa certeza aparece de forma simples na mística de Catarina de Sena: "Por que tornaste o homem tão digno? Com amor inestimável olhaste em ti mesmo a tua criatura e te apaixonastes por ela; por amor de fato, tu a criaste, por amor tu deste um ser capaz de provar o Bem eterno".[4] A graça divina atua e a alma humana a acolhe, é nesse

---

[1] FRANCA, Leonel. *A psicologia da fé*. 7. ed. Rio de Janeiro: Agir, 1958 (original: 1934). Foi publicado também com outro título: *Por que existem homens que não creem em Deus?* São Paulo: Mundo Cultural, 1979. Tradução em espanhol: *La psicología de la fe*. Buenos Aires: Difusión, 1938. É a partir dessa obra que analisaremos o problema da fé e da conversão como chaves para o nosso estudo sobre o drama do homem diante do projeto divino.

[2] FONSECA, R. P. da. O que devo ao Padre Franca. *Verbum* V (1948) 410.

[3] Cf. *S. Th.*, I-II, q. 2, a. 1-7.

[4] Cf. *Dialoghi*, 4, 13.

movimento de transcendência que a imagem de Deus vai se tornando cada vez mais clara à vista daquele que crê.

Por que retomar um autor tão polêmico? Qual é sua novidade para os novos tempos? Sabemos que a Pós-Modernidade, ou, como muitos preferem, a Modernidade tardia, reage intensamente à pretensão do racionalismo moderno em construir ao ser humano um paraíso de prosperidade na terra, por isso aposta na ideia de uma fé livre, sem nenhuma autoridade histórica ou eclesiástica que considera o indivíduo somente como sujeito de emoções e objeto de experiências "mais afetivas e calorosas" do sagrado. A razão perde sua função diante do mistério.

Por um lado, o racionalismo crítico coloca a fé nos "limites da razão" como queria Kant ao oferecer à epistemologia posterior a certeza de que tudo o que não é suscetível de experiências sensíveis também não é suscetível de juízo. Por outro lado, criou-se uma outra ideia de autonomia religiosa que considera os sentimentos como o lugar por excelência da teofania.

Nesse sentido, o pensamento de Leonel Franca é bem atual: critica a razão absolutamente humanizada e obediente às comprovações empíricas, seja na ciência, seja nas opiniões pessoais. Para ele, o ser humano é um ser físico e metafísico. Ao analisar o ato de fé, confronta o problema de Deus e observa que ali a razão humana se posiciona com rigor, buscando a plenitude das exigências lógicas, mas sempre no sentido da transcendência de si.

Diante de um mercado que confunde o cidadão ao consumidor; de uma tecnociência indiferente à espiritualidade, nasce uma religiosidade da insegurança e do desespero, sem o auxílio das construções simbólicas e de analogias, próprias da faculdade da razão, causando, como bem observa H. Jonas (1995), a perda do "princípio de responsabilidade". Essa perda desemboca numa demanda por prosperidade que só uma crença pragmática pode resolver, como nos indica o pensador espanhol José Maria Mardones (2006, p. 144):

> Não é de estranhar que haja um ressurgimento de bruxos e cartomantes, um exército de *médiuns* espirituais que procuram controlar o ingovernável e submeter à vontade do usuário a marcha do presente e do futuro. Em tempos de desconfiança sobre a razão, apela-se para o mistério e para o enigma a fim de manipular o incontrolável. Uma antiga receita que surge novamente, mostrando as tendências atávicas do ser humano. Atualmente, há mais "bruxos" em Paris ou em Madri do que sacerdotes e religiosos/as.

Hoje, em tempos de incertezas, a fé é substituída por uma crença na salvação individual, construída a partir de uma noção privada de Deus. Carmem C. Macedo (1989, p. 22), ao identificar religião e magia, diferencia a fé da crença ao dizer que a primeira subordina a vontade do indivíduo à vontade sobrenatural; a segunda, ao contrário, se determina pela vontade individual, que, sob certas condições, domina e controla o sobrenatural. Se no primeiro estado o bem-estar espiritual depende da autoridade sobrenatural, no segundo o mago submete a seu bem-estar todo poder espiritual e testemunha isso à sua comunidade. Se uma religião genuína pauta sua fé na humildade, a magia, ao contrário, se orienta pela autoconfiança e arrogância. Quando a fé é interpretada como posse, não das coisas esperadas, mas das coisas experimentadas, então o centro deixa de ser o mistério e passa a ser o indivíduo que o possui, ou "si mesmo", e a religião perde sua dimensão místico-transcendental para se adaptar à magia ou a uma imagem de poder, projetada pelo próprio indivíduo; ideia já observada por L. Feuerbach e S. Freud.

Leonel Franca se preocupa com essa realidade, por isso suas ideias devem ser retomadas a fim de nos ajudar a refletir melhor sobre a fé e a noção de pessoa criada à "imagem e semelhança" de Deus. Compreender a fé e seu movimento no interior da alma humana é um desafio colocado a Franca e a nós, pois, como bem observou o teólogo alemão Paul Tillich, "dificilmente existe na linguagem religiosa uma palavra tão exposta a equivocações, distorções e definições duvidosas do que a palavra 'fé', que, não obstante, é insubstituível".[5]

Em seus escritos, Leonel Franca confronta-se com filosofias e literaturas que postulam a soberania da razão e, sem negar sua importância, questiona sua total independência.[6] Autonomia essa que pode ser bem descrita pelo filósofo Bertrand Russell (1994, p. 77): "[...] o que é racionalmente credível sem necessidade de provas?". A resposta de Husserl expressa a ideia moderna da verdade ao afirmar que somente os fatos, baseados em experiências sensoriais, os princípios matemáticos e a lógica indutiva utilizada nas pesquisas científicas, são dignos de ser acreditados. Mas para questões duvidosas, sem provas, a melhor atitude é se contentar com a ignorância.

Para Leonel Franca, não devemos nos contentar com a ignorância religiosa, pois a fé não é simplesmente crença em algo aleatório ou ilusão, mas um "*obsequium* ou adesão a um patrimônio de verdades que podem orien-

---

[5] Cf. SECKLER, M.; BERCHTOLD, C. Fé. In: *Dicionário de conceitos fundamentais de teologia*. São Paulo: Paulus, 1993. p. 304.
[6] Cf. *O problema de Deus*, p. 147-166. Conferência para o Centro Dom Vital, realizada no Colégio S. Inácio, em 24 de junho de 1932, e em Salvador, em 6 de setembro de 1933.

tar e tranquilizar a consciência".[7] Tal ideia está presente na doutrina da Igreja e o *Catecismo da Igreja Católica* (n. 27) a escreve: "O desejo de Deus está inscrito no coração humano, já que o ser humano é criado por Deus e para Deus; e Deus não cessa de o atrair a si, e somente o ser humano há de encontrar a verdade e a felicidade que não cessa de procurar". O desejo de Deus se expressa na alma humana, por isso o ser humano foi criado à "imagem" de tal forma que é no entendimento humano que tal imagem pode ser elevada à "semelhança" da perfeição: a "satisfação da consciência" se funde na verdade e felicidade divinas. Contudo, essa "satisfação" não é simplesmente uma "acomodação", mas uma adesão, que leva a uma ação e ao comprometimento com o Reino de Deus. Tal atitude é passível de obstáculos e crises, mas a alegria da vitória, para aquele que se mantém na fé, é maior do que a frustração por não ter enfrentado a batalha contra os obstáculos. Para Leonel Franca, os obstáculos surgem da razão teórica e prática, isto é, da inteligência e da moral. Se a primeira apresenta oposições como ignorância religiosa e limitação de métodos de entendimento, na segunda o orgulho e a sensualidade são os maiores bloqueadores da alma no processo de elevação da imagem divina.

Nessa análise trataremos de estudar o ato de fé, lugar onde a consciência da imagem de Deus se faz presente. Para isso, enfocaremos três tópicos importantes na abordagem do teólogo jesuíta: a fé como adesão, obstáculos da fé e a conversão. Desse modo, nosso procedimento será: adesão – a fé como ato da inteligência e da vontade;

---

[7] Cf. *A psicologia da fé*, p. 226.

obstáculos – as barreiras intelectuais e morais da fé; conversão – o drama e o encontro com Deus.

Fé: adesão ao plano divino

Leonel Franca entende, a partir de uma leitura da Carta aos Hebreus, que, pela fé, a razão pode alcançar a felicidade e a verdadeira identificação com o objeto de seu amor: o amor de Deus. Nesse sentido, concorda com os Padres da Igreja, principalmente os alexandrinos, ao observar que é por uma fé racional que o homem, imagem de Deus, pode alcançar o estatuto da semelhança.

Recorrendo à tradução *Vulgata* da Bíblia, o teólogo jesuíta observa que na Epístola aos Hebreus (11,1) encontramos as características racionais da fé: "Sperandum substantia rerum, argumentum non apparentium" [em português: "realidade das coisas que esperamos, prova das que não vemos"]. Para ele, *substantia* e *argumentum* podem ser interpretadas não só como realidade e prova, mas como *sustento* e *subsistência*. Assim, a fé é o sustento de nossas esperanças onde subsistem as coisas invisíveis. Tanto a sustentação quanto as provas da fé vêm da força do testemunho e da argumentação, assim como nos indica São Paulo ao orientar seu amigo Tito (1,9) sobre a verdadeira doutrina.

Tomás de Aquino forneceu a Leonel Franca o instrumental necessário para uma antropologia ao propor, também a partir da Carta aos Hebreus, a ideia de que pela fé o ser humano pode experimentar já, no presente, o conhecimento que o fará feliz no futuro. Nesse sentido, fé é substância das coisas esperadas, nela vivemos já "a felicidade futura, à guisa de prelúdio".[8]

Pela fé, segundo Leonel Franca, o ser humano se eleva ao nível sobrenatural, pensando com *consentimento*, de tal forma a capacitar a visão para o invisível e a linguagem para o inefável;[9] pela fé, o ser humano adere, de forma livre e inteligente, à doutrina revelada por outra inteligência, como há de concordar o *Catecismo da Igreja Católica* (n. 176-177):

> A fé é uma adesão pessoal do homem inteiro a Deus que se revela. Ela inclui uma adesão da inteligência e da vontade à Revelação que Deus fez de si mesmo por suas ações e palavras. Por conseguinte, "crer" tem uma dupla referência: à pessoa e à verdade; à verdade, por confiança na pessoa que a atesta.

Adesão racional a uma inteligência

Ao pensar o humano, criado à imagem de Deus, Leonel Franca observa que, na fé, a criatura humana pode compreender o plano do criador, por isso a inteligência tem um papel preponderante nesse processo de ascendência da alma, pois vive em meio ao conflito certeza e dúvida. Se a primeira traz tranquilidade e o descanso na verdade, a segunda é provisória e inquieta.[10]

Na Cristandade, Agostinho e Tomás de Aquino tinham a mesma preocupação em refletir sobre a tensão certeza e dúvida. Entendiam, a partir de suas experiências, que da tranquilidade e da inquietude depende a inteligência.

---

[8] Cf. *Compêndio de teologia*, I, 3.
[9] Cf. *A psicologia da fé*, p. 49-50.
[10] Cf. *A psicologia da fé*, p. 19.

Para o bispo de Hipona, o conflito da inteligência, longe de eliminar a fé, a aperfeiçoa e eleva, como lemos:

> Ó minha esperança desde a minha juventude, onde estavas, para onde te retiraste? Não foste tu que me criaste e me quiseste diferente dos animais, mais inteligente do que as aves do céu? E, no entanto, eu caminhava em meio às trevas e por terrenos escorregadios. Eu te buscava fora de mim, e não encontrava o Deus do meu coração. Havia chegado ao fundo do mar, e não tinha mais confiança nem esperança de encontrar a verdade.[11]

Não perder a confiança em Deus e não desesperar diante da dúvida, eis a certeza de Agostinho. Tomás de Aquino, nessa direção, observava que a *certeza* é adesão do intelecto a um único objeto de desejo, mas "tudo aquilo que é dito acerca de Deus, e que a razão humana em si mesma é incapaz de descobrir, não deve ser de imediato considerado como falso, como acreditaram os maniqueus e a maior parte dos infiéis".[12] Para os dois grandes pensadores da Igreja, a certeza e a dúvida, por serem racionais, se direcionam a um único objetivo: a verdade. Se a certeza a afirma, a dúvida hesita em afirmá-la, no entanto tende para ela.

Na linha dos doutores da Igreja, Leonel Franca concorda que na *certeza* a inteligência se determina a um fim, semelhante ao "móvel que atingiu o termo natural do seu movimento", mas a dúvida é indeterminação e hesitação na escolha, por isso não é indiferente à inteligência, tampouco à fé. Assim, a dúvida, com sua multiplicidade de opiniões, e a certeza, na busca de uma melhor adequação à verdade, fazem a inteligência mover-se e debater-se rumo à verdade: Deus.

---

[11] *Confissões*, VI, 1,1.
[12] Cf. *Seleção de textos: Súmula contra os gentios III*. (São Paulo: Nova Cultural, 2004. p. 136.)

Mas como compreender que a finalidade humana última é a verdade e que essa verdade é Deus? Para Leonel Franca, a certeza virá pela *autoridade* do testemunho. Para ele, o que é necessário à orientação de nossa vida muitas vezes é confundido com aquisições supérfluas e insignificantes. Mas o necessário nos vem por via da *autoridade,* a qual acolhemos como patrimônio intelectual.[13]

A inteligência é fundamental no ato de fé; isso nos faz entender que através dela o ser humano pode contemplar a verdade e compreender o motivo pelo qual Deus o criou "imagem e semelhança". Além disso, é pela inteligência que se construiu um edifício de raciocínios sobre a verdade da criação e da revelação de Deus em Jesus Cristo. Nesse sentido, Leonel Franca nos leva a entender as palavras de Agostinho, que, ao mencionar a intelectualidade da fé, observa: "Entendes porque crês, crês porque entendes".

Adesão da vontade a uma vontade

Como a inteligência, a vontade é, segundo Leonel Franca, fundamental ao ato de fé. A vontade humana é imagem da vontade divina e pode tornar-se semelhante ao atingir o objetivo pelo qual foi criada.

A noção de vontade sempre ocupou um espaço no pensamento ocidental. Na ética de Aristóteles, ela é poder que decide; é responsabilidade moral, ideia-base para uma ética cristã. Para Agostinho, o "querer" é essencial à fé, mesmo que haja em sua psicologia o embate entre certeza e dúvida: "[...] quando a eternidade nos atrai para o alto, o gozo de um bem temporal nos detém embaixo,

---

[13] Cf. *A psicologia da fé*, p. 19-21; 25-26.

é a mesma alma a querer, mas não com toda a vontade, um ou outro dos dois objetos".[14] A fé está sob o poder da vontade humana, assim como está tudo aquilo a que podemos dizer sim ou não. Sob a orientação agostiniana, Leonel Franca concorda que a vontade é um apetite e tem poder de decisão, mas não pode perder de vista o alvo a ser atingido: fazer a vontade de Deus ou o Bem.

Mas o que é o Bem? Para Leonel Franca, o Bem não só é filosoficamente abordado como ético, mas é teológico, pois está ligado a Deus e, nesse sentido, é ôntico e participa de uma hierarquia. No século XIII, Santo Tomás havia postulado uma hierarquia de autoridades: 1) autoridade de Deus: 2) autoridade dos apóstolos e dos profetas; 3) autoridade dos Padres e doutores da Igreja; e 4) autoridade dos filósofos. Leonel Franca concorda com o Doutor Angélico e observa que a mensagem divina, através da autoridade cristã, se coloca à vontade e à liberdade humanas a fim de solucionar o problema do Ser que quer ser contemplado, assim como expressa o salmista (Sl 17[16],15): "Mas eu pela justiça contemplarei o teu rosto, ao despertar me saciarei com tua presença".

Vimos o peso que Leonel Franca dá à inteligência e à vontade, mas é importante lembrar que ele não é adepto do intelectualismo, tampouco do voluntarismo, mas procura uma psicologia que busque, mesmo diante da dúvida, uma certeza na qual o ser humano pode descansar.

O intelectualismo postula que tudo depende do conhecimento intelectual. A ignorância, para essa doutrina, não só é culpada do mal, mas também é responsável por uma existência com base no sentimentalismo e nas pai-

---

[14] *Confissões*, 8, 11, 25.

xões. A inteligência, nessa perspectiva, única capaz de discernir o bem do mal, também submete a vontade a uma ação puramente racional. A fé, segundo essa concepção, é fé na inteligência.

No voluntarismo, a fé depende da vontade e o agir humano é consequência de suas escolhas, independente da inteligência. Virtude e vício estão relacionados à atitude de uma vontade boa ou má. A moral se confunde com a vontade reta e boa.

Longe de ser radical, Leonel Franca defende a interdependência das faculdades: a inteligência depara-se com o testemunho de uma autoridade, e a vontade, diante da doutrina, expressão dessa autoridade, quer chegar à felicidade que ela propõe. Desafios distintos, porém com um único objetivo: possuir as realidades espirituais que satisfarão as aspirações infinitas de uma alma inquieta.[15]

Obstáculos intelectuais e morais da fé

Leonel Franca, ao analisar o pensamento moderno, observa que a crise de fé que ali se instalou tem como fundamento os obstáculos intelectuais e morais. À inteligência, a ignorância religiosa e os vícios de método; à vontade, o orgulho e a sensualidade (entendemos como uma vida vivida a partir das experiências sensíveis). Essa ideia leva a uma retomada da teologia da queda a fim de entender que a Modernidade não é simplesmente uma época da história, mas um estado de espírito que se instalou logo após a criação e que permanece, ainda hoje, por causa do pecado do primeiro casal humano. Tais obstáculos ofus-

---

[15] Cf. *A psicologia da fé*, p. 54-55.

cam ainda mais a imagem de Deus no ser humano, por isso a preocupação de Leonel Franca talvez seja aquela de Pascal, que, junto a seus contemporâneos, opositores da fé, observa: "Depois da carta 'que se deve procurar Deus' escrever a carta sobre 'eliminar os obstáculos'".

Os obstáculos da inteligência

Para Leonel Franca, ignorar o edifício de verdades, construído pelo Cristianismo, supõe um não saber sobre a revelação divina e uma certa apatia com relação à sua compreensão. Para ele, não é a ignorância do "nada saber", mas é a do "não querer saber" que "em matéria de religião paralisa, na sua origem, o movimento da alma para as alturas da fé" – eis o primeiro obstáculo intelectual: a ignorância religiosa. Também os vícios de método constituem o segundo obstáculo intelectual da fé.

A ignorância religiosa. A tradição cristã sempre valorizou o conhecimento e Leonel Franca não pôde fazer diferente. Entre os Padres da Igreja, Tertuliano observou que todo discurso devia ter *conhecimento* de causa. Santo Tomás, na Escolástica, observava que qualquer juízo sobre questões espirituais exige um prévio conhecimento, pois só assim se pode afastar a ignorância voluntária que se manifesta de duas formas: direta ou indireta. Para o Doutor Angélico, a ignorância está relacionada ao pecado, mas pode acontecer que ela o anteceda e lhe seja a causa. Nesse caso, quanto maior é a ignorância, tanto menor o pecado, até desculpá-lo totalmente, tornando-o involuntário. Mas há caso em que a ignorância segue a inclinação da vontade em direção ao apetite e ao pecado, nesse caso ela é culpável,[16] ou, como bem observava Pascal, é ignorância

> insuportável, pois seus adeptos pensam ter cumprido, com grandes esforços, os deveres religiosos, lendo algum livro da Bíblia ou interrogando qualquer eclesiástico sobre as verdades da fé, mas isso é muito pouco para se chegar à vanglória da ignorância religiosa, isso é, na verdade, uma "negligência insuportável".[17]

Na rota de Tomás de Aquino e Pascal, Leonel Franca acredita que ignorância não é sinônimo de analfabetismo, pois pode ser que uma classe culta e letrada faça opção por ela. O Iluminismo mostra a verdade dessa realidade ao optar pela pura razão e negar à fé o direito às verdades indemonstráveis pela experiência. Voltaire, Kant e H. Spencer refletem, segundo Leonel Franca, essa opção. A resistência de Voltaire se expressa na oposição que faz à autoridade do testemunho, como observa em seu *Dicionário filosófico* (1991, p. 94):

> Eu recito o meu *Pater* e o meu *Credo* todas as manhãs; todas as manhãs; não sou como Broussin... Creio que todos os padres que desempenham suas funções em uma paróquia devem ser esposados, não só para ter uma mulher honesta que cuide da casa, mas para serem melhores cidadãos, dar bons súditos ao estado e ter muitos filhos bem educados. Creio que seja absolutamente necessário extirpar os monges, isso significa prestar um grande serviço à pátria e a eles mesmos; são homens que Circe transformou em porcos; o sábio Ulisses deve devolver a eles a forma humana.

Kant justificou a ignorância religiosa ao submeter à razão, limitada em seu conhecimento, os mistérios da fé. Para Leonel Franca, o filósofo alemão contribuiu "para a difusão do racionalismo, para o crescimento do ateís-

---

[16] Ibid., II-II, q. 156, a 3, ad 1.
[17] Cf. *Pensées*, 3, 194.

mo e a incredulidade". O filósofo inglês Herbert Spencer sustenta a irracionalidade da fé observando que a razão da religião está numa religião sem razão, isto é, na crença primitiva nos espíritos.[18]

Os três filósofos, segundo nosso autor, ignoram, de forma voluntária, o método metafísico de abordagem da fé que possibilita à razão mais humildade, porém mais poder diante do objeto que ela serve. Voltaire e Kant, para Franca, são grandes inteligências, mas contribuíram para uma maior divulgação do ateísmo moderno, expressão maior da ignorância religiosa, e H. Spencer, ao transformar a fé em crença nos espíritos, bloqueia a inteligência e também, de forma voluntária, reafirma um dos maiores obstáculos para a fé: a pura crença em espíritos.

Voltaire, Kant e Spencer caminham, segundo Leonel Franca, pela via da teoria do conhecimento e, partindo de uma razão cujo assentimento se volta à experiência sensível, deixam a ideia de que a fé tem duas opções: limitar-se aos fatos científicos ou contentar-se com títulos como alienação e ilusão. Nos dois casos, o ser humano passa de criatura, imagem de Deus, a criador de sua própria imagem. O saber sobre a salvação, ensinado com autoridade, pelas Escrituras e pela tradição cristã, passa a ter valor secundário, como se os métodos de educação para a fé não fossem tão importantes quanto aqueles utilizados na educação para as ciências.

Vícios de métodos. Leonel Franca retoma o conceito de inteligência e sua forma de conhecer a fim de analisar os obstáculos relacionados aos "vícios de métodos", que são unilateralidade e preconceito.

---

[18] Cf. *Noções de História da Filosofia*, p. 154.

A ideia de Leonel Franca sobre a inteligência é a mesma entendida pela filosofia ocidental e que serviu de base para os primeiros estudos teológicos. Inteligência, em sua etimologia latina, quer dizer *intellectus*, *intus-legere*, isto é, ler dentro ou a partir do interior. Na língua grega, o *Nôus* tem o mesmo sentido, na concepção de Platão e Aristóteles. Para o filósofo da Academia, é pela inteligência que o ser humano ordena e mede as coisas; para o fundador do Liceu, a inteligência é a faculdade que compreende a universalidade de todas as coisas. Na esteira de Aristóteles, Tomás de Aquino a define como faculdade cognoscitiva que compreende e pensa um objeto qualquer. Assim, na filosofia antiga e medieval *intellecttus* indica um saber interior e difere de um conhecimento exterior, que chega através dos sentidos. Na Idade Moderna, Kant e os pós-kantianos concebiam a inteligência como faculdade do juízo ou capacidade de formular raciocínios sobre a realidade externa ou os fatos empíricos, mas tais juízos estão sempre dispostos à realidade externa.

Para Leonel Franca, o método metafísico confia na autonomia da inteligência e sabe que ela é capaz de transcender os limites da experiência sensível, abstrair ideias, juízos, raciocínios e a cognição das causas primeiras. Mas há, segundo ele, dois vícios que podem desequilibrar essa iniciativa: *unilateralidade* e *preconceito* ou *prejuízo*.

Unilateralidade é, segundo nosso teólogo, o emprego exclusivo e repetitivo de um método sobre um mesmo setor da realidade. O conhecimento científico, por exemplo, pode ser unilateral se for organizado e desenvolvido nos limites de seu objeto, habituando o intelecto à simplicidade das demonstrações matemáticas e das verificações experimentais. A preocupação de nosso autor não é nova,

Agostinho já chamava a atenção para esse perigo ao observar que uma vida não vale a pena se for resumida no "existir" ou no que é suscetível de apresentação quantitativa: "Minha juventude cheia de vícios estava morta. Caminhava para a maturidade, e quanto mais avançava em anos tanto mais vergonhosamente me deixava contaminar pelas coisas vãs. Não conseguia imaginar outra substância além da que os olhos veem".[19] É na linha agostiniana que entendemos a preocupação de Leonel Franca. Assim, a unilateralidade, para ele, deforma a inteligência, da mesma forma que o pecado deforma a imagem de Deus formada no ser humano.

O *preconceito* ou *prejuízo*, para Leonel Franca, é outro vício de método, pois "é o juízo formado antes de um exame sério da questão". Há muitos preconceitos e prejuízos em relação à fé cristã e o exemplo disso é, para o nosso pensador, o prejulgamento da Idade Média como se fosse a era da escuridão ou da ignorância ocidental; é querer negar à ação humana os planos de Deus. Uma visão de mundo que pauta sua verdade seguindo critérios de preconceitos com relação a outras verdades demonstra seu poder ideológico, porém não com sabedoria. Para Leonel Franca, não é a ciência preconceituosa, mas um método cuja orientação está na crítica e na exclusão de tudo o que diz respeito às narrativas bíblicas e à fé cristã. Com relação a isso, Agostinho pôde perceber a importância da ciência e peneirar os métodos, de tal forma a refutar tudo o que negava a dimensão espiritual. Conforme Alici (1987, p. 38), Agostinho, o bispo de Hipona, ao comungar da espiritualidade de Ambrósio, Simpliciano e de sua mãe, Mônica; ao atuar junto a uma Igreja leitora

---

[19] Cf. *Confissões*, 7.1.1.

das Escrituras; e ao procurar no método metafísico o melhor caminho para a verdade, experimentou a remoção dos obstáculos metodológicos e o encontro com a graça que transcende todo entendimento.

Duas faculdades, no interior do ato de fé – inteligência e vontade, ligadas à graça divina –, podem, segundo Franca, remover os obstáculos em relação ao transcendente. Nessa ideia, é de acordo que a graça não destrói a natureza, mas a eleva, assim como Deus não destrói, apesar do pecado, sua imagem impressa na alma humana, mas a eleva ao grau da perfeição, como o fez com o homem Jesus de Nazaré: "Os horizontes da existência só se acendem de esperanças imortais quando começam a ser iluminados por aquele que disse: 'Eu sou o Caminho, a Verdade, a Vida'".[20]

Os obstáculos morais da vontade

Leonel Franca analisa os obstáculos morais a partir da ideia agostiniana dos "dois amores" e constata que tais obstáculos ofuscam a imagem de Deus, impede alteridade e contribui para uma ideia errônea de amor, como testemunha. Agostinho já observava, em *Cidade de Deus*, que estamos diante de dois amores: o amor divino que leva a desprezar a si mesmo e o amor a si mesmo que leva ao desprezo de Deus.[21] O segundo amor, para Leonel Franca, é gestor de impurezas como *orgulho* e *sensualidade*, que só servem para embaçar cada vez mais a imagem de Deus no ser humano.

---

[20] *A psicologia da fé*, p. 125.
[21] *De civitate Dei*, 1, 14, 27, P.L. XLI, 436.

O orgulho. Para Leonel Franca, a Modernidade trouxe a ideia de que a resolução do problema humano estaria no próprio homem, no "amor a si mesmo". A "exaltação do eu" ou o espírito de independência absoluta é o sintoma do orgulho e para combatê-lo o homem precisa voltar-se para o primeiro amor. A mesma preocupação teve Agostinho ao descrever o orgulho como soberba: "[...] a soberba quer imitar a grandeza, enquanto somente tu és o Deus altíssimo que está sobre todas as coisas".[22] Leonel Franca aprende de Cristo e também de Agostinho que o amor é humildade; é colocar-se como se nada pudesse fazer diante da grandeza já criada. Agostinho já observava: "Quiseste mostrar-me, antes de tudo, como fazes resistência aos soberbos e concedes tua graça aos humildes, e como em tua misericórdia quiseste indicar o caminho da humildade, visto que o teu Verbo se fez carne e habitou entre os homens".[23] Nessa direção, Leonel Franca indica que a remoção do principal obstáculo moral, o orgulho, vem da humildade, que é luz na inteligência e justiça no coração: "[...] conhecimento da verdade sobre a natureza de Deus, a natureza humana e as suas realizações nobres, leais, o mesmo olhar penetrante da inteligência que, elevado a Deus, se transforma em adoração, fixado em nós converte-se em humildade".[24]

Orgulho e humildade são, para nosso autor, fatores fundamentais no ato de fé, pois se encontram no movimento que afasta ou aproxima o ser humano de Deus.

---

[22] *Confissões*, 2, 6, 13.
[23] Ibid., 7, 9, 13.
[24] *A psicologia da fé*, p. 156-160.

A sensualidade. Para Leonel Franca, é um outro obstáculo moral e pode comprometer o fim para o qual o ser humano foi chamado: ser imagem e semelhança de Deus. Eis aqui um problema colocado à reflexão teológica ocidental e que foi tomado por Leonel Franca no mesmo sentido pensado por Agostinho e Tomás de Aquino.

Sensualitas, no latim, indica tendência aos prazeres sensíveis e tem uma conotação moral. Santo Tomás ligava o conceito não aos sentidos, mas ao "apetite", ideia que comunga Leonel Franca ao observar que o "apetite sensitivo" é uma ação egoísta, pois "busca o prazer pelo prazer". Não é uma apologia contra o prazer, mas uma observação acerca de algo que é vital ao ser humano e que pode tornar-se um obstáculo, se não for orientado pela obediência a uma lei maior.

De fato, a narrativa de Gênesis testemunha a queda do ser humano mostrando o conflito no interior do apetite: da obediência a Deus à sedução de um apetite sem lei. Nessa direção, observa Franca que "o prazer, separado de sua função, é ilícito porque é irracional". Mas qual é a função do prazer? Sua resposta vem da tradição religiosa cristã: agradar a Deus. Negar essa função ao prazer é contribuir para uma vida egoísta baseada na sensualidade e, como lembra o nosso autor, tal como o orgulhoso, o homem sensual se opõe a uma moral construída sobre os alicerces de valores cristãos. A ideia de Leonel Franca nos remete a Pascal, que, em contraposição aos libertinos, que diziam: "Teria já abandonado os prazeres se tivesse a fé", responde: "Teria já a fé, se tivesse abandonado os prazeres".[25] Para Leonel Franca, a ideia libertina está também no homem que crê e que já é comprometido com

---

[25] Cf. *Pensées*, 3, 240.

Deus, mas a grandeza não está em ceder a, mas em transpor tais obstáculos, mesmo que isso seja um drama, como observa ao citar as palavras de A. Gide:

> Perdão, Senhor! Sim, eu sei que minto. A verdade é que esta carne que odeio, eu a amo ainda mais que vós. Morro por lhe não poder esgotar os atrativos. Peço-vos que me ajudeis, mas sem renúncia verdadeira... – Infeliz! Que pretendes casar em ti o céu e o inferno. A Deus não se pode dar senão inteiramente.[26]

A sensualidade é, em resumo, um "apetite" que, segundo Franca, forma uma barreira para a fé; é o instinto impedindo a inteligência de se direcionar a uma vida continente, por isso é incompatível com a moral cristã. Se a moral cristã orienta uma pessoa a outra e as religa (*religio*) pelo amor, a sensualidade vive da satisfação de si, mirrando as mais nobres das faculdades humanas, o coração e a inteligência. Só com a decisão e o esforço da vontade pode o intelecto transformar-se totalmente, pois "uma alma vale pela ressonância que nela despertam as coisas".

Para concluir, a história do pensamento lembra que não foram poucos aqueles que demonstraram o movimento da inteligência e da vontade na alma humana. Leonel Franca retoma esses personagens e nos indica que suas ideias se orientam para uma imagem de pessoa humana que transcende às necessidades puramente terrenas para atingir uma outra dimensão, o sobrenatural. Na Idade Antiga, Pitágoras "submetia os seus discípulos a um longo tirocínio de virtudes"; Platão sentia a "necessidade da purificação da vida para as ascensões do espírito"; e Plotino concebia a purificação do pensamento ligado à purificação do ser humano. Na Idade

---

[26] Cf. *A psicologia da fé*, p. 165.

Média cristã, Agostinho sentia que a punição de Deus pelas paixões se dá no escurecimento da inteligência e Santa Teresa de Ávila dizia que a coisa mais razoável do mundo parece-nos loucura quando não temos vontade de fazê-la. Na Idade Moderna, F. Bacon não via simpatia mais profunda senão na união da verdade ao bem, e M. De Biran preferia a paz do coração, por isso não tinha outra saída senão reconciliar o coração com as luzes, a consciência com os costumes, os deveres com os prazeres. Também Fichte, nesta linha, ligava a verdade revelada na inteligência à vontade reta.

Conversão

Leonel Franca percorre um caminho: depois de abordar o dinamismo psicológico no interior da fé e fazer uma análise de seus obstáculos, reflete sobre o desfecho dessa batalha – a conversão.

A palavra grega *metanoia*, ou "mudança de direção", quer dizer, no campo da fé, morte para o pecado e ressurreição para Deus. Aqui, a imagem de Deus, antes ofuscada, como a imagem obscurecida de um espelho embaçado, agora parece transparente. Narciso, o mito, se apaixonou por sua própria imagem refletida no lago; o convertido apaixona-se pelo lago que reflete sua imagem. Narciso, ao contemplar sua própria imagem, se entrega ao apetite, afogando-se em si mesmo; o convertido, ao apaixonar-se pelo lago que reflete sua imagem, se afoga e se consome na fonte provedora da imagem. Se a primeira mata, a segunda dá vida.

Um dos grandes estudiosos do fenômeno da conversão, Yves Congar já observava que a conversão verdadeira exige que a vida tenha sentido, ideia que aparece na reflexão de Leonel Franca ao observar que conversão não é sinônimo de felicidade eterna, mas um processo pelo qual a alma busca um sentido: encontrar-se com a fonte da imagem refletida: Deus. O sofrimento, a paciência, a inquietude, o cansaço, ao superar os obstáculos, fazem parte de processo. O desfecho pode ser demorado ou mais rápido. Nas *conversões dogmáticas*, as almas partem da negação, da dúvida e dos erros e por isso podem demorar mais; nas *conversões morais* temos o esforço da vontade que se orienta para o bem e podem ser mais rápidas. Aqui podemos dar alguns exemplos de conversões, nos dois sentidos: no primeiro caso, pensamos na demorada, mas insistente, busca da verdade, o que é próprio de um Agostinho e de uma Edith Stein, que, depois de terem vivido uma longa vida cética, veem no Cristianismo a verdadeira religião; no segundo caso, são conversões imediatas, como no caso de Inácio de Loyola e de Francisco de Assis, que, de uma hora para outra, experimentaram o encontro fabuloso com a graça divina. Y. Congar diferencia as conversões moral e religiosa. Para ele, a primeira é mudança de princípios éticos ou a passagem a uma prática, como propuseram alguns filósofos estoicos e platônicos, ao passo que a segunda (a conversão de que trata Leonel Franca) não supõe só que a vida tenha um sentido, mas que se realize a verdadeira relação entre Deus e os homens.

As conversões religiosas podem ser lentas e rápidas, progressivas e fulminantes. Se as primeiras exigem muito esforço intelectual, as outras, fulminantes, podem, em poucos segundos, experimentar a felicidade do encontro final. Na análise de muitos psicólogos americanos, as conversões podem ser lentas e bruscas: se as primeiras se dão pelo ato da vontade, as outras ocorrem pelo simples abandono de si a Deus. Mas de uma forma ou de outra o que há de comum entre as conversões é o drama interior. Deus atua com infinita misericórdia e o ser humano, confortado e estimulado pela graça, é elevado por uma alma plena de graça, eis a psicologia da conversão.[27]

O drama da alma. Para o nosso autor, há na alma três movimentos sucessivos, assim como um drama em três atos: a preparação da alma; a crise religiosa; encontro final com Deus.

A alma que busca e se prepara. O homem triste, entediado e insatisfeito depara-se com o vazio. A inquietude da alma a motiva para um caminho a ser percorrido. Aqui é preciso "um esforço de elevação humana. A inteligência aspira um conhecimento de verdade integral das coisas; a vontade, insatisfeita, procura a posse duradoura de um bem real que seja digno de seu amor". A observação de Leonel Franca nos leva a entender Agostinho e o relato de uma alma que anseia pela verdade e o bem eternos:

> Quem me fará descansar em ti? Quem fará com que venhas ao meu coração e o inebries a ponto de eu esquecer os meus males, e me abraçar a ti, meu único bem? Que és para mim? Tem misericórdia para que eu fale. Que sou eu aos teus olhos, para que me ordenes amar-te e, se eu não o fizer, te indignares e me ameaçares com imensas desventuras? Dize-me, por compaixão, Senhor meu Deus, o que és tu para mim? Dize à minha alma: *Eu sou a tua salvação*.[28]

O primeiro ato do drama, para Leonel Franca, é o momento onde a alma se coloca à disposição esvazian-

---

[27] Cf. *A psicologia da fé*, p. 197-224.
[28] *Confissões*, 1, 5, 5.

do-se à procura de um bem que possa preenchê-la de forma absoluta: Deus.

A alma em crise. No segundo ato do drama, "contemplamos o esforço da alma que deseja resolvê-la; trabalho da inteligência para elevar-se ao conhecimento da verdade religiosa, lutas da vontade para desembaraçar-se do mal e aderir ao bem". Nesta etapa podemos lembrar de pessoas que passaram por essa crise, como H. Newman e Agostinho. Newman pensava encontrar Deus a partir do imperativo categórico kantiano, por isso se encontrava num tremendo vacilo, como bem narra P. Durão: "[...] há obrigação moral porque existe Deus ou Deus existe porque há obrigação moral?".[29] O segundo, Agostinho, também expressava essa angústia ao confessar:

> O inimigo dominava-me o querer e forjava uma cadeia que me mantinha preso. Da vontade pervertida nasce a paixão; servindo à paixão, adquire-se o hábito, e, não resistindo ao hábito, cria-se a necessidade. Com essa espécie de anéis entrelaçados (por isso falei de cadeia), mantinha-me ligado à dura escravidão. A nova vontade apenas despontada, a vontade de servir-te, de gozar-te, ó meu Deus, única felicidade segura, ainda não era capaz de vencer a vontade anterior, fortalecida pelo tempo. Desse modo, tinha duas vontades, uma antiga, outra nova; uma carnal, outra espiritual, que se combatiam mutuamente; e essa rivalidade me dilacerava o espírito.[30]

Neste ato, Leonel Franca lembra que os atores, mesmo diante da crise, questionam seus interesses humanos, as tiranias de suas paixões sensuais, a irritação diante do orgulho e os conflitos da liberdade diante da autoridade.

---

[29] Newman e a prova da existência de Deus. *Revista Eclesiástica Portuguêsa*, t. XXII, fasc. 4 (1966) 337.

[30] *Confissões*, 8, 5, 10.

O encontro com Deus, eis o terceiro ato do drama. Para Leonel Franca, é o momento da reconciliação da alma humana com a graça de Deus. À luz da parábola do filho pródigo, a alma, segundo Franca, ao sentir o peso de sua miséria e ao experimentar o vazio, volta à casa paterna, e Deus Pai, amoroso, a acolhe depois de tanto esperá-la. A Igreja deve ser o lugar que possibilita a acolhida e o sacerdote, a imagem do Pai que se abre ao encontro sob as palavras: "Ego te absolvo a peccatis tuis". A alma, antes desorientada, agora confessa sua gratidão. Ao ler Agostinho, encontramos o teor de tal confissão: "[...] é uma confissão feita não de palavras e clamor do corpo, mas com palavras da alma e clamor da mente, que os teus ouvidos conhecem".[31] É a gratidão da alma, que, no dizer de Santo Tomás, traz em sua confissão "a manifestação sincera e clara dos pecados cometidos" e na qual vem "infundida a graça que determina a remissão dos pecados".[32] A confissão do pecador e a infusão da graça retratam não só o encontro do ser humano com Deus, mas também, como observa Felix A. Pastor (1973, p. 52), a restauração da "plena eclesialidade", isto é, a reconciliação do fiel com a Igreja, "sinal da paz com Deus". Ideia presente no pensamento de Leonel Franca.

Para nosso autor, muitos são os testemunhos de pessoas que experimentaram o desfecho desse drama, isto é, a reconciliação com Deus e com a Igreja de Jesus Cristo. Entre eles estão Charles de Foucauld e Jacques Maritain. O primeiro narra de forma bem simples a satisfação de sua alma: "À vista de um pecador que se converte, houve certamente quando entrei neste confessionário!... Que dia

---

[31] Ibid., 10, 2, 2.
[32] Cf. *S. Th.*, q. 10, a. 1.

bendito! E desde este dia toda a minha vida tem sido uma cadeia de bênçãos". Para Leonel Franca, não só a confissão é o lugar do encontro, mas é no corpo eucarístico de Cristo que o Pai acolhe e se dá ao filho, que, arrependido, volta: "[...] o ato fundamental da religião consistirá no dom completo de si mesmo a Deus, na oblação total da criatura ao Criador. Eis por que a Eucaristia, em que se realiza esta oferta, em união com a oferta de Cristo, é o centro da vida cristã". Pela Eucaristia o convertido participa da vida eclesial e compartilha a mesma fé dos filhos de Deus, como podemos ver na citação que Leonel Franca acerca de Jacques Maritain: "Ó luz santa, os que veem a ti do fundo do abismo amam-te porventura com um entusiasmo mais impetuoso que os outros, quando tu te manifestaste; mas a preço de uma intensidade de miséria de que não podem fazer ideia os que tiveram a graça de nascer e crescer na fé".

A conversão tem um ponto de partida: nasce de uma inquietude do desejo que procura o sentido da vida, ideia ressaltada por Leonel Franca e que ressoa na psicologia existencial de V. Frankl (1989, p. 55), ao observar que é na busca pelo sentido da vida que o ser humano expressa sua humanidade: "O pôr-se em questão o sentido da vida não pode ser, nunca, de per si, expressão do que porventura o homem tenha de doentio; é antes e sem mais, para falarmos com propriedade, expressão do ser humano, expressão precisamente do que de mais humano há no homem". Na fé o ser humano pode encontrar o sentido da vida e tranquilizar sua alma: "[...] satisfazer as aspirações profundas do que há, em nós, de mais nobre e elevado. A estes brados da angústia humana, a fé, abraçada e vivida, vem dar a sua resposta tranquilizadora".

Conversão, para Franca, não é renúncia ao passado, mas atualização do mistério que se dá, em cada ato da memória, posição louvada por muitos teólogos contemporâneos, entre eles José Comblin (2005, p. 22): "Não devemos pedir que a conversão seja uma renúncia a todo o passado, mesmo o espiritual. Um filósofo grego que se fazia cristão não devia renunciar à sua filosofia, mas encontrava no Cristianismo a plenitude da sua filosofia".

Na visão de Franca, a fé não é, ainda, a plenitude da luz, mas é posse das certezas essenciais, e, como dizia Tomás de Aquino, sem o seu objeto o universo é uma contradição, a vida é indigna de ser vivida e o ser humano é o mais infeliz dos seres.

Para Leonel Franca, quando se trata de um fenômeno *admirável* como a conversão, a graça ocupa um lugar privilegiado. Essa ideia é considerada pelo magistério da Igreja e pela tradição cristã. De fato, o catecismo prega: "A preparação do homem para acolher a graça é já uma obra da graça".[33] Para Franca, há leis naturais que organizam toda a atividade psíquica, com as suas ações e reações, e são do domínio científico, mas a intervenção da graça é de ordem sobrenatural, está no princípio e transcende toda atividade psicológica que prepara para o encontro com Deus. Esse princípio não é da alçada da ciência nem mesmo cai no domínio da consciência, ideia que seria bem colocada por Agostinho Gemelli ao escrever que "não cabe ao psicólogo discutir a partir de onde se move essa vontade, como uma causa remota; não cabe ao psicólogo embarcar-se nas grossas questões da liberdade".[34]

---

[33] *Catecismo da Igreja Católica*, n. 2001.
[34] La psicologia della conversione. *Vita e Pensiero, 1914-1964*. Milano: Vita e Pensiero, 1966. p. 158.

Para Leonel Franca, toda discussão sobre a graça pertence à teologia, que, nos seus processos de pesquisa, vai além da ordem natural.

Muitos convertidos foram tocados por essa graça de que fala Padre Franca e puderam perceber o processo de desenvolvimento da imagem de Deus no ser humano à medida que os obstáculos foram sendo vencidos. Há conversões de pessoas, nas quais Padre Franca ajudou a desvelar a imagem de Deus, e podemos endereçar a ele as palavras que atribuía a H. Newmam: astro em torno do qual gira "uma plêiade de talentos privilegiados", como Alceu Amoroso Lima, Jackson de Figueiredo, Pandiá Calógeras, Roberto P. da Fonseca e outros.

Alceu Amoroso Lima percebeu que não haveria uma renovação da cultura fora da fé e seu testemunho de conversão tem como desfecho não só o encontro com Deus, mas a acolhida da Igreja através de Leonel Franca. Suas palavras endossam o que analisamos até agora, como bem escreve C. M. Lima (1973, p. 117,119):

> A fé é uma procura contínua da fé. Ao converter-me, não me recolhi a um porto, mas parti para o mar alto [...] A minha conversão se fez contra a minha vontade. Por quê? Porque eu temia, me convertendo, a perda da liberdade. Daí ter levado quatro anos meu debate a respeito com Jackson de Figueiredo. Pela ortodoxia católica, converti-me pela Graça Divina. Mas desde o princípio sentia que ia ser duro. O fato é que encontrei na Igreja mais liberdade que esperava, mas também mais dureza do que se pensa. O meu choque foi ter que enfrentar esse problema. A conversão, antes de me afastar dos problemas políticos e sociais, me levou a neles aprofundar ainda mais a minha consciência [...]. Depois de algum tempo, através do longo debate, a que já fiz referência, terminei por procurar, em junho de 1928, o Padre Franca, a quem declarei minha fé, confessando-me e comungando pela primeira vez depois de adulto, a 15 de agosto.

A conversão é vitória de uma fé que se esforça. A graça, unida às faculdades humanas, se torna manifesta no testemunho. Aqui a *Mensagem sobrenatural do Padre Franca* mostra o seu valor: "[...] nunca se cansava de nos repetir 'viva sempre na intimidade de Deus; procure conversar com Deus como amigo; faça do diálogo com nosso Senhor o seu pão quotidiano'".

Para concluir, a faculdade da inteligência impulsiona o ser humano para o imutável, mas é a vontade a base da realização das coisas que até então eram esperadas. Duas faculdades, em perfeita harmonia, unidas à graça de Deus, eis o remédio para remover todo o pessimismo agnóstico da antropologia. Assim, a alma reconhece Deus como o "tudo" da criatura. Chega-se a esta conclusão por caminhos diversos. Sem prescindir da graça, a fé é o esforço pelo qual o ser humano procura dar significado à sua existência. Percebemos a atualidade inegável das obras de Franca, que oferece subsídios para uma melhor reflexão sobre fé e "crise" e contribui analiticamente para a crítica dos sistemas "modernos", que penetram, ainda hoje, na cultura, impondo-lhe "vícios radicais" de metodologia, contribuindo para uma maior ignorância acerca dos mistérios divinos. José Comblin (2005, p. 40-41), ao refletir sobre a fé e a relação Deus e os homens, observa, em outras palavras, que muitas vezes o fiel pode achar que é convertido, mas, no fundo, pode ser uma conversão não a Deus, mas ao *marketing* que se faz dele:

> Deus está na subjetividade para as novas gerações. Por isso, há uma grande procura de "espiritualidade" e um redescobrimento dos caminhos místicos de outrora. A procura da subjetividade é tão forte que apareceram muitas religiões ou espiritualidades novas que propõem caminhos curtos para chegar a Deus. As mercadorias que circulam no *marketing* religioso de hoje, também

no *marketing* católico, nem sempre são de primeira qualidade. Há muitos grupos ou movimentos que imaginam que estão em contato com Deus porque têm sentimentos fortes, porque sentem emoções religiosas fortes, sem dar-se conta de que há técnicas que podem, com muita facilidade, dar a impressão de experiências místicas. Hoje são milhões de pessoas que aderem ou participam de tais movimentos, sejam eles católicos, protestantes ou não cristãos.

A proposta de Franca é mais terapêutica: o único remédio para a cura de vícios, tanto intelectuais quanto morais, é voltar às raízes e, com a chave perdida da metafísica, abrir os tesouros da ciência moderna, pois é a metafísica o desenvolvimento lógico e científico do pensamento cristão e o seu renascer natural e espontâneo. Nela, o homem acolhe a fé como um momento privilegiado em que se descobre a razão do amor: "[...] na religião desconhecida, a origem frequente da incredulidade; na religião, estudada com o intelecto de amor e vivida com sinceridade profunda e generosa, a perfeição e a paz suprema do homem".[35]

---

[35] *A psicologia da fé*, p. 96.

CONCLUSÃO

Procuramos até aqui uma reflexão antropológica que ressaltasse o ser humano e sua situação, como criatura, diante do plano da salvação. Para isso, exceto o primeiro capítulo, escolhemos alguns autores que discutiram, na história do pensamento, o ponto de partida para a compreensão da relação ser humano e Deus.

Na Antiguidade, os primeiros cristãos compreenderam que o destino humano está ligado aos desígnios de Deus. Irineu de Lyon é o mais importante teólogo dessa época, pois sua antropologia, como observa Antônio Orbe, percorre entre Adão e Cristo. Define o ser humano a partir de Gn 1,26s e Gn 2,7 e propõe que o primeiro personagem bíblico seja a imagem da humanidade anterior a Cristo, criada em vista da unidade escatológica: Cristo-Igreja. O homem, criado à imagem e semelhança, em Adão tem como destino a perfeição em Cristo, cabeça sobre a qual todas as coisas são recapituladas.

No período escolástico, característico da Idade Média, os pensadores cristãos submeteram a filosofia à teologia de tal forma a concordar que o ser humano podia chegar, através da razão, a perscrutar os mistérios de Deus e conhecê-los em sua essência. Alguns, abraçando o método metafísico do platonismo cristão, se orientaram pela via do niilismo, cujo ponto de partida nega o ser humano em função do êxtase espiritual ou encontro místico com a absoluta Verdade. Outros, retomando a filosofia aristotélica, se preocupavam muito mais em afirmar, pela via lógica, a existência de Deus. Se os primeiros buscavam uma espiritualidade capaz de sentir Deus, os outros procuravam, racionalmente, compreender a inteligência e a vontade de Deus. Tentamos contrastar o pensamento da época com as ideias do filósofo cristão Mestre Eckhart, para quem o ser humano, ao ser criado imagem e semelhança, foi chamado à Unidade, isto é, não à identificação com Deus, mas à participação no Uno. Portanto, o destino humano é unir-se ao intelecto indivisível: Deus. A vocação humana está, segundo ele, em negar a diversidade, a multiplicidade e as divisões, próprias da criatura e de si mesmo, a fim de ser, na Unidade, abençoado.

À metafísica tradicional se opõe a ciência moderna. Grandes pensadores declararam o divórcio entre fé e razão, teologia e filosofia, Igreja e Estado, religião e ciência, inaugurando uma antropologia cujo objeto é o ser humano e sua oposição a tudo aquilo que o leva a transcender sua própria existência. De Hume a Freud, a religião passou a ser um fenômeno a ser estudado pela ciência. O que conta é a experiência sensível. Por ela vive a razão, a memória e até o que há de mais desconhecido no sujeito: o inconsciente. Em nossa reflexão, impostamos as ideias de Freud, cuja novidade está em negar a metafísica em favor da metapsicologia, isto é, não há destino fora do ser humano nas projeções psicológicas. Em *O interesse científico da psicanálise* (1913), Freud argumenta que a visão de mundo é progressiva e cada vez mais o ser humano se afasta da religião, que foi, segundo ele, uma tentativa de compensar a falta de satisfação dos seus desejos.

Essa ideia se expressa também em O *futuro de uma ilusão* (1927), onde comenta que as ideias religiosas surgiram da necessidade de o ser humano suportar sua impotência, e tais ideias foram construídas com os materiais e memórias da impotência da raça humana. Assim, para Freud, o plano de Deus para o ser humano nada mais é do que o plano do próprio ser humano projetado no exterior.

No início do século XX, a preocupação do Papa Leão XIII com o avanço da Modernidade e do ateísmo moderno levou muitos intelectuais cristãos a retomar a filosofia dos doutores medievais, a fim de se defenderem dos ataques de racionalistas, empiristas, idealistas e materialistas. Um dos grandes críticos da Modernidade viveu no Brasil, o filósofo jesuíta Leonel Franca. Para esse pensador, há uma antropologia teológica, pois considera o ser humano somente em relação a Deus. A razão existe em conformidade com a fé. Procuramos salientar suas ideias que resgatam a pessoa sob o ponto de vista da espiritualidade. Através do tema da conversão, retoma o pensamento metafísico e mostra em que consiste nossa destinação humana: Deus.

Assim, procuramos, com esses autores, refletir sobre o ser humano e sua relação com Deus. O fato de termos escolhido alguns autores já indica nossa deficiência diante de tal reflexão, mas também nos consola, ao sabermos que o ser humano, criado à imagem e semelhança, foi criado para o infinito.

BIBLIOGRAFIA

ABBAGNANO, N. *Dizionario di filosofia*. Torino: TEA, 1993.

AGOSTINHO. *Confissões*. São Paulo: Abril Cultural, 1973. (Coleção Os Pensadores VI.)

_____. *Confissões*. São Paulo: Edições paulinas, 1984.

_____. *De civitate Dei*, Patristica latina (P.L. XLI).

ALICI, Luigi. Agostino tra fede e ricerca: la conversione dell'intelligenza. In: AA. VV. *Agostino e la fede cristiana*. Palermo: Augustinos, 1987.

ALVES, Rubem. *Creio na ressurreição do corpo;* meditações. São Paulo: Paulus, 1992.

_____. *O que é religião*. São Paulo: Abril Cultural/Brasiliense, 1984.

_____. *O suspiro dos oprimidos*. São Paulo: Paulus, 1987.

ALFARO, J. Fides in terminologia bíblica. *Gregorianum* 42 (1961) 474.

AMARO, Jorge W. F. *Psicoterapia e religião*. São Paulo: Lemos, 1996.

AMOROSO LIMA, A. Padre Leonel Franca. *A Manhã*, Rio de Janeiro, 12 set. 1948.

_____. *Companheiros de viagem*. Rio de Janeiro: José Olympio, 1971.

AQUINO, TOMÁS. *Seleção de textos*. São Paulo: Nova Cultural, 2004.

_____. *Compêndio de teologia*. São Paulo: Abril Cultural, 2004. (Coleção Os Pensadores, v. 8.)

_____. *Súmula contra os gentios*. São Paulo: Abril Cultural, 2004. (Coleção Os Pensadores, v. 8.)

BALTHASAR, H. U. von. *El problema de Dios en el hombre actual*. Madrid: BAC, 1960.

_____. Encontrar Deus no mundo hoje. *Concilium* 6 (1965) 19-30.

BASÍLIO DE CESAREIA. Tratado sobre o Espírito Santo. In: *Patrística*. São Paulo: Paulus, 1998. v. 14.

BÍBLIA DE JERUSALÉM. Nova edição, revista. São Paulo: Paulus, 1989. Antigo e Novo Testamento.

BOFF, L. *A Trindade, a sociedade e a libertação*. 2. ed. Petrópolis: Vozes, 1986.

BRABANT, Georges P. *Chaves da psicanálise*. Rio de Janeiro: Zahar, 1977.

BENKÖ, A. *Psicologia da religião*. São Paulo: Loyola, 1981.

CAMPOS, F. A. *Tomismo e neotomismo no Brasil*. São Paulo: Grijalbo, 1968.

CATECISMO DA IGREJA CATÓLICA. São Paulo/Rio de Janeiro: Ave-Maria/Loyola/Paulinas/Paulus/Vozes, 1998.

CHEMAMA, R. (org.). *Dicionário de psicanálise*. Porto Alegre: Artes Médicas, 1995.

CHOURAQUI, A. *A Bíblia*; no princípio (Gênesis). Rio de Janeiro: Imago, 1995.

COMBES, A. *Psychanalyse et spiritualité*. Bruxelles: Ed. Universitaires, 1955.

COMBLIN, J. *Quais os desafios dos temas teológicos atuais*. São Paulo: Paulus, 2005.

CONFERÊNCIA NACIONAL DOS BISPOS DO BRASIL. *Manual da Campanha da Fraternidade 2008*. São Paulo: Salesiana, 2008.

CONSELHO EPISCOPAL LATINO-AMERICANO. *Documento de Aparecida*; texto conclusivo da V Conferência Geral do Episcopado Latino-Americano e do Caribe. 13-31 de maio de 2007. 7. ed. Brasília/São Paulo: CNBB/Paulus/Paulinas, 2008.

CULLMANN, Oscar. *Cristo e il tempo. La concezione del tempo e della storia nel cristianesimo primitivo*. Bologna: Il Mulino, 1965.

DAL SASSO, G.; COGGI, R. *Compendio della Somma Teologica*. Bologna: Il Mulino, 1989.

DANIELOU, J. *Messagio evangélico e cultura ellenistica*. Bologna: Il Mulino, 1975.

DE LUBAC, H. *Le drame de l'humanisme athée*. Paris: Du Cerf, 1959.

DEBARGE, Louis. *Psicología y pastoral*. Barcelona: Herder, 1970.

DREWERMANN, Eugen. Pecado/pecado social. In: EICHER, Peter (org.) *Dicionário de conceitos fundamentais de teologia*. São Paulo: Paulus, 1993.

DURÃO, P. Newman e a prova da existência de Deus. *Revista Eclesiástica Portuguêsa*, t. XXII, fasc. 4, 1966.

ELIADE, Mircea. *O sagrado e o profano*. São Paulo: Martins Fontes, 2001.

ECKHART, Mestre. *O livro da divina consolação e outros textos seletos*. 5. ed. Bragança Paulista: Edusf, 2005.

ESTRADA, J. Antônio. *Imagens de Deus*. São Paulo: Paulinas, 2007.

FEUERBACH, L. *L'essenza del cristianesimo*. Milano: Feltrinelli, 1975.

FONSECA, R. P. da. O que devo ao Padre Franca. *Verbum* V (1948) 392-412.

FRANCA, Leonel. *A crise do mundo moderno*. Rio de Janeiro: Agir, 1955.

_____. *A psicologia da fé*. 7. ed. Rio de Janeiro: Agir, 1958 (original: 1934). Foi publicado também com outro título: *Por que existem homens que não creem em Deus?* São Paulo: Mundo Cultural, 1979. Trad. em espanhol: *La psicología de la fe*. Buenos Aires: Difusión, 1938.

_____. Humanismo e Idade Moderna. *Verbum* V (1948) 347-357.

_____. *Noções de história da filosofia*. Rio de Janeiro: CEN, 1987 (original: 1918).

_____. *O divórcio*. Rio de Janeiro: Agir, 1955 (original: 1931).

_____. *O Problema de Deus*. Rio de janeiro (1953), 1955.

FRANÇA, Maria I. *Ética, psicanálise e sua transmissão*. Petrópolis: Vozes, 1996.

FRANKL, Viktor. *A presença ignorada de Deus*. Petrópolis/São Leopoldo: Vozes/Sinodal, 1992.

_____. *Ärtzliche Seelsorge*. Trad. bras. A. M. de Castro. *Psicoterapia e sentido da vida*. São Paulo: Quadrante, 1989.

FREUD, Sigmund. *Edição standard brasileira das obras psicológicas completas de Sigmund Freud*. Rio de Janeiro: Imago, [várias datas].

_____. *As perspectivas futuras da terapêutica psicanalítica* (1910). Rio de Janeiro: Imago, 1970.

_____. *Moisés e o monoteísmo* (1939). Rio de Janeiro: Imago, 1969.

_____. *Novas conferências introdutórias sobre psicanálise* (1933). Rio de janeiro: Imago, 1976.

_____. *Interpretação dos sonhos* (1900). Rio de Janeiro: Imago, 1987.

_____. *O futuro de uma ilusão* (1927). Rio de Janeiro: Imago, 1974.

_____. *O interesse científico da psicanálise* (1913). Rio de Janeiro: Imago, 1974.

_____. *Por que a guerra?* (1933). Rio de Janeiro: Imago, 1976.

_____. *Psicologia das massas e análise do ego* (1921). Rio de Janeiro: Imago, 1976.

_____. *Psicopatologia da vida cotidiana* (1901). Rio de Janeiro: Imago, 1987.

FREUD, Sigmund; PFISTER, Oscar. *Cartas entre Freud e Pfister:* um diálogo entre a psicanálise e a fé cristã *(*1909-1939*)*. Tr. port. Viçosa: Ultimato, 1998.

FROMM, Erich. *A arte de amar*. Belo Horizonte: Itatiaia, [s. d.].

_____. *A missão de Freud*. Rio de Janeiro: Zahar, 1969.

GEMELLI, A. La psicologia della conversione, in *Vita e Pensiero, 1914-1964*. Milano: Vita e Pensiero, 1966.

GRENZ, S. J. *Pós-modernismo*. São Paulo: Vida Nova, 1997.

GROSS, J. *La divinisation du chrétien d'après les Pères grecs*. Paris: Du Cerf, 1938.

HAMMAN, A. G. *La prière*. Paris: Du Cerf, 1963. t. II: Les trois premiers siècles.

HUFTIER, M. *Le tragique de la condition chretienne d'après Saint Augustin*. Paris: Du Cerf, 1968.

IRINEU DE LYON. *Contre les heresies*. Paris: Du Cerf, 1991.

JOÃO PAULO II. *Fides et Ratio*. 2. ed. São Paulo: Paulus, 1988.

JONAS, H. *El principio de responsabilidad;* ensaio de una ética para la civilización tecnológica. Barcelona: Herder, 1995.

JONES, E. *A vida e a obra de Sigmund Freud*. Rio de Janeiro: Imago, 1989.

JUNG, Carl G. *Freud e a psicanálise*. Petrópolis: Vozes, 1990.

KELSEY, Morton T. *Deus, sonhos e revelação*. São Paulo: Paulus, 1996.

LADARIA, Luiz. F. *Introduzione alla antropologia teologica*. Casale Monferrato: Piemme, 1992.

LAPLANCHE, Jean; PONTALIS; Jean-Bertrand. *Enciclopedia della psicoanalisi* I-II. Roma/Bari: Laterza, 1993.

LELOUP, Jean-Yves. *Caminhos da realização*. 7. ed. Petrópolis: Vozes, 1999.

_____. *Cuidar do ser*. 6. ed. Petrópolis: Vozes, 2001.

_____. *O corpo e seus símbolos*. Petrópolis: Vozes, 1998.

LIMA, C. M. *Alceu Amoroso Lima;* memórias improvisadas. Petrópolis: Vozes, 1973.

LIMA VAZ, H. C. *Experiência mística e filosófica na tradição ocidental*. São Paulo: Loyola, 2000.

MACEDO, C. C. *Imagem do eterno;* religiões no Brasil. São Paulo: Moderna, 1989.

MAY, R. *O homem à procura de si mesmo*. 13. ed. Petrópolis: Vozes, 1987.

_____. *Psicologia existencial*. Porto Alegre: Globo, 1974.

MARDONES, J. M. *A vida do símbolo*. São Paulo: Paulinas, 2006. (Coleção Espaço filosófico.)

MERTON, T. *A sabedoria do deserto*. São Paulo: Martins Fontes, 2004.

MIRA Y LOPES, E. *Os fundamentos da psicanálise*. Rio de Janeiro: Científica, 1960.

MONDIN, Batista. *L'uomo secondo il disegno di Dio*. Bologna: ESD, 1992.

MUNÕZ, Ronaldo. *O Deus dos cristãos*. Petrópolis: Vozes, 1989. Série II.

NEUMANN, E. *Psicología profunda e nova ética*. São Paulo: Paulinas, 1991.

ORBE, Antônio. *Antropología de San Irineo*. Madrid: Biblioteca de Autores Cristianos, 1969.

_____. La atonía del espíritu en los padres del siglo II. *La Ciudad de Dios* 2 (1968).

PANTEGHINI, G. *L'uomo alla luce di Cristo*. Padova: Ed. Messaggero, 1990.

PASCAL, B. *Pensées*. Trad. ital. L. Collodi Milão: Grandi, Tascabili, Economici, 1993.

PASTOR, F. A. *Existência e evangelho*. São Paulo: Loyola, 1973.

_____. *A lógica do inefável*. São Paulo: Loyola, 1989.

PELIZZOLI, M. Luiz. *A relação ao outro em Husserl e Levinas*. Porto Alegre: Edipucrs, 1994.

PFRIMMER, Théo. *Freud, leitor da Bíblia*. Rio de Janeiro: Imago,1994.

PLATÃO. *Oeuvres*. Par A. Diès. Paris: Belles Lettres, 1923. t. VIII, 2 Théetète.

RAD, G. von. *Teologia dell'Antico Testamento* I. Brescia: Paideia, 1972.

RAPONI, Saint. Immagine e somiglianza nei Padri. In: ANCILLI, Ermanno. *Temi di antropologia teologica*. Roma: Teresianum, 1981. (Studia theologica-Teresianum, 1.)

RICOEUR, P. *Psicoanalisi e fede cristiana*. Mondadori: Idoc, 1971.

ROCCHETA, C. L'atto di fede oggi. In: FISICHELLA, R. (org). *Noi crediamo*. Roma: Edizioni Dehoniane, 1993.

ROSA, M. *Teologia Protestante*. Salerno: Elea Press, 1990.

RUSSELL, B. *Dio e la religione*. Trad. it. a cura de Al Seckel. Roma: Newton & Compton, 1994. (original: *On God and Religion*.)

SANTO ATANÁSIO. A encarnação do Verbo. In: *Patrística*. São Paulo: Paulus, 2002. v. 18.

SCHWANTES, M. *Projetos de esperança*. Petrópolis/Rio de Janeiro/São Leopoldo: Vozes/CEDI/Sinodal, 1989. (Coleção Deus conosco.)

SECKLER, M.; BERCHTOLD, C. Fé. In: EICHER, Peter. *Dicionário de conceitos fundamentais de teologia*. São Paulo: Paulus, 1993.

SILVEIRA D'ELBOUX, L. G. *O Padre Leonel Franca, sj*. Rio de Janeiro: Agir, 1953.

SIMONETTI, M. *Origene, I principi*. Torino: Utet, 1968.

_____. *Testi gnostici cristiani*. Bari: Laterza, 1970.

SPIDLIK, Thomas. Antropologia dell'Oriente cristiano. In: ANCILLI, Ermanno. *Temi di antropologia teologica*. Roma: Teresianum, 1981. (Studia theologica-Teresianum, 1.)

STACCONE, Giuseppe. *Filosofia da religião*. Petrópolis: Vozes, 1991.

STEAD, G. C. Atanásio. In: DI BERNARDINO, Angelo (org.). *Dicionário patrístico e de antiguidades cristãs*. Petrópolis/São Paulo: Vozes/Paulus, 2002.

TEIXEIRA, Faustino. *Nas teias da delicadeza*. São Paulo: Paulinas, 2006.

TOLSTOI, L. *Pensamentos para uma vida feliz*. São Paulo: Prestígio, 2005.

TURIN, J. *Galileo atlántico y Kant copernicano*. Córdoba: Universidad Nacional de Córdoba, 1944.

VERÇOSA FILHO, E. Princípios da teologia mística em São Gregório de Nissa. In: FILÓN DE ALEJANDRIA. *Interpretación alegórica* I. In: *Obras completas de Filon de Alexandria*. Buenos Aires: Acervo Cultural Editores, 1975. v. 1: Valores en el tiempo.

VERGOTE, A. *Psicologia religiosa*. Torino: Utet, 1967.

VILLAÇA, A. C. *O pensamento católico no Brasil*. Rio de Janeiro: Zahar, 1975.

VOLTAIRE. Croire. In: *Dictionnaire philosophique*. Milano: Grandi, Tascabili Economici, 1991.

WHITE, Victor. *Deus e a psicanálise*. Lisboa: Livraria Morais, 1964.

SUMÁRIO

Apresentação 5

Introdução 7

I – O destino do ser humano no plano de Deus 11
O lugar da teologia no pensamento 11
Fé: reação humana à ação divina 16
O lugar da Bíblia na teologia 19
O ser humano: cabeça da criação 29

II – A criação do ser humano à imagem e semelhança .. 43
Criação: humanos à imagem e semelhança 44
Pecado: imagem deformada 61
Salvação: a imagem semelhante em Cristo 68

III – A semelhança da imagem 75
O problema de Deus 82
O problema do ser humano 85
O desprendimento espiritual 87

IV – A imagem de Deus à semelhança do ser humano .. 113
Modernidade: crise da teologia e ascensão da ciência 116
Religião e psicanálise freudiana 123
A psicanálise aplicada a Freud 132

V – O drama humano no plano divino 141
Fé: adesão ao plano divino 146
Obstáculos intelectuais e morais da fé 151
Conversão 161

Conclusão 171

Bibliografia 175

Impresso na gráfica da
Pia Sociedade Filhas de São Paulo
Via Raposo Tavares, km 19,145
05577-300 - São Paulo, SP - Brasil - 2017